本书系教育部哲学社会科学研究重大专项项目"中国式现代化道路与新闻传播学自主知识体系建构研究（项目编号：2023JZDZ032）"的阶段性研究成果；中国传媒大学中央高校基本科研业务费专项资金资助（项目编号CUC230B003）。

光明社科文库
GUANGMING DAILY PRESS:
A SOCIAL SCIENCE SERIES

·法律与社会书系·

中国媒体融合研究

基于演进逻辑、战略创新与前沿实践

田香凝 ｜ 著

光明日报出版社

图书在版编目（CIP）数据

中国媒体融合研究：基于演进逻辑、战略创新与前沿实践 / 田香凝著 . --北京：光明日报出版社，2024.5. -- ISBN 978 - 7 - 5194 - 8000 - 4

Ⅰ. G219.2

中国国家版本馆 CIP 数据核字 2024QL4005 号

中国媒体融合研究：基于演进逻辑、战略创新与前沿实践
ZHONGGUO MEITI RONGHE YANJIU：JIYU YANJIN LUOJI、ZHANLÜE CHUANGXIN YU QIANYAN SHIJIAN

著　　者：田香凝			
责任编辑：刘兴华		责任校对：宋　悦　李海慧	
封面设计：中联华文		责任印制：曹　净	

出版发行：光明日报出版社

地　　址：北京市西城区永安路 106 号，100050

电　　话：010-63169890（咨询），010-63131930（邮购）

传　　真：010-63131930

网　　址：http：//book. gmw. cn

E - mail：gmrbcbs@ gmw. cn

法律顾问：北京市兰台律师事务所龚柳方律师

印　　刷：三河市华东印刷有限公司

装　　订：三河市华东印刷有限公司

本书如有破损、缺页、装订错误，请与本社联系调换，电话：010-63131930

开　　本：170mm×240mm

字　　数：171 千字　　　　　　印　　张：13.5

版　　次：2024 年 5 月第 1 版　　印　　次：2024 年 5 月第 1 次印刷

书　　号：ISBN 978 - 7 - 5194 - 8000 - 4

定　　价：85.00 元

目　录
CONTENTS

引　言

　　纵观全球，由于政治形态、经济结构、社会系统和文化体制的差异，不同国家产生出了不同的媒体体制与运行机制，并随着历史的变迁发生着变化，我国也在不断探索与中国特色社会主义发展规律相匹配的媒体融合道路。

　　作为一种连续性、系统性、综合性的媒介演进过程，媒体融合在我国具有独特的发展逻辑。2014年8月18日，习近平总书记主持召开中央全面深化改革领导小组第四次会议，审议通过《关于推动传统媒体和新兴媒体融合发展的指导意见》，这是我国关于媒体融合发展的战略部署，自此"媒体融合"上升为国家战略。2019年1月25日，中共中央政治局在人民日报社举行第十二次集体学习，习近平总书记特别指出，要形成资源集约、结构合理、差异发展、协同高效的全媒体传播体系，明确了我国媒体行业转型的发展目标。2020年9月26日中办、国办印发了《关于加快推进媒体深度融合发展的意见》，在国家战略层面的文件中，从"推动"到"加快推进"，从"融合发展"到"深度融合发展"，体现出了我国媒体融合的新跨越。在中央的部署和政策的支持下，我国的媒体融合从中央到地方四级融合发展布局逐渐落实，目前基本形成了技术先导、移动优先、功能多样的全媒体矩阵。

经过在理论与实践上的双重探索，我国把握传统媒体自身优势，主动拥抱先进互联网技术从而进行新型主流媒体建设，推动新媒体时代传统媒体转型。相应地，积极整合相关资源，实现媒体融合发展也成为全球范围传统媒体转型发展的战略共识。当前，我国学界与业界持续互动，对主流媒体融合转型的重大命题进行挖掘与探讨，本书旨在通过理论探讨和实践研究，厘清以下三个"基础性命题"：

第一，结合历时观察与驱动因素分析，梳理国家在顶层设计上对媒体融合发展的战略规划与政策支持出现了怎样的系统性的转变，对整体战略的推进产生了哪些影响。

我国媒体转型的初期，大多是媒体为利用互联网拓宽自身传播渠道而自发进行的自我改革，其战略实践的政治属性尚未体现。2013 年，习近平总书记在全国宣传思想工作会议上发表重要讲话，指出"要适应社会信息化持续推进的新情况，加快传统媒体和新兴媒体融合发展，充分运用新技术新应用创新媒体传播方式，占领信息传播制高点"，国家层面开始为媒体融合转型实践提供政策方向指引。2014 年 8 月 18 日，中央全面深化改革领导小组第四次会议审议通过了《关于推动传统媒体和新兴媒体融合发展的指导意见》，对新形势下如何推动媒体融合发展提出了明确要求，作出了具体部署，为媒体融合战略的进一步推进提供了战略目标指引，传媒业获得了全新的战略命题，即"从国家层面加快推进传统媒体与新兴媒体融合发展"，媒体融合正式被纳入国家战略层面进行谋划布局，有了"国家治理"的丰富内涵。

　　以 2014 年为重要时间节点，国家层面对全媒体转型战略进行了持续的专题性关注与重点考量，相关的战略规划与政策支持开始集中出现。2016 年 8 月，习近平总书记提出了"深度融合"的要求；2018 年 8 月在全国宣传思想工作会议上，习近平总书记进一步提出了媒体融合战略要"下沉"到基层的要求。各省市关于加快推动媒体融合与全媒体建设的政策与文件也相继出台，全媒体融合战略的政治属性被进一步深化。2019 年 1 月，习近平总书记在中共中央政治局第十二次集体学习会议上再次对媒体融合进行了论述，进一步提出构建"融为一体，合而为一"的全媒体传播格局的要求，媒体融合战略确定了纵深发展及体系建构的战略目标。2020 年 9 月 26 日中办、国办印发了《关于加快推进媒体深度融合发展的意见》，在国家战略层面的文件中，从六年前的"推动"到"加快推进"，从"融合发展"到"深度融合发展"，体现出了我国媒体融合的新跨越。

　　从媒体的自发探索，到媒体融合转型正式被纳入国家"治理"的政策蓝图，到之后从国家到各省市对媒体融合发展这一战略行动进行解读与参与，一系列的重要政策与讲话构成了研究媒体融合的政治逻辑，也成为从政治传播角度对媒体融合进行解读的基础。这些宏观层面的政策体系与方法论设计决定了技术的变革方向、市场的改革轨迹，对其进行相关关注与解读，是本书在宏观层面需要解答的首要问题。

　　第二，从理论上寻找新的视角与解释框架，阐释我国媒体融合发展的理论逻辑。以"社会关系"和"社会系统"为基础性诠释视角，考察我国媒体融合如何实现从"结构化连接"到"系统性联结"，以构建技术驱动、动态协同、不断进化的媒体融合生态。

在媒体融合早期，我国媒体在互联网时代中的初期转型战略主要体现为依托互联网"连接"的本质来构建经营模式。然而随着融合战略的不断推进，"结构化连接"的格局已基本形成，但在持续推进的过程中，这一模式也在遭遇现实尴尬，受众之间关系强度弱、各方资源难以盘活等问题相继出现。

随着互联网的发展，人们的信息接触方式也在快速变化，关系资源的活力越发凸显。而传播信息的媒体机构天然地具有较为丰富的关系网络，同时也积累了较为丰富的关系资源。基于此，本书将重点关注关系资源这一互联网生态下的重要资源形式对媒体融合战略的核心作用，观照当前传统媒体转型面临诸如用户连接关系弱、内部资源沟通不畅等结构化资源短板的困境。与此同时，本书指出，我国的媒体融合历时性进程呈现出系统性推进的框架，媒体融合的最终指向，是形成系统性的媒体融合生态。因此，在媒体融合的实践过程中，必须用系统性的思维来考量融合策略的制定与调整，不仅要考虑如何通过融合策略使生态中的各个部分获得能够良性运转的资源，还必须思考政策的调整对整体生态的影响，以保证各部分间系统性协作模式的有效性，以真正产出媒体融合实效。基于此，本书将集中阐释从"结构化连接"到"系统性联结"的关系逻辑在媒体融合转型中的转换与深化。

第三，实践层面当有实质回应，梳理我国媒体融合在战略谋划与推进实施方面的探索。在媒体融合成为媒体共识的情形下，媒体的转型实践活动在全国范围内如火如荼地开展。上至中央级媒体，下至地市级媒体，都在积极地探索媒体融合新模式，形成了丰富的媒体融合转型实践的操作模式。然而，从整体上来看，融合转型实践虽在全国范围内呈现

"百花齐放"的态势，但大多各成一派，缺乏真正可持续的典范经验。

习近平总书记在《加快推动媒体融合发展 构建全媒体传播格局》一文中指出："要形成资源集约、结构合理、差异发展、协同高效的全媒体传播体系。"构建这样一个兼容媒体特色发展与整体协调的全媒体传播体系，形成不同层级的战略评判标准，需要针对战略体系构建的关键性支撑要素进行专项研究与分析。

本书将我国系统性的媒体融合实践提炼为"四度融合"的多层级演进逻辑，包含媒体运营系统、跨媒体融合系统、跨区域融合系统、对接全球的融媒生态系统四个层级。此外，本书还提出了全媒体融合转型的"四大动能"支撑，包括功能变革、服务创新、人才转型、技术赋能四个要素。以此为框架主线，本书对不同层次的融合实践进行梳理与研究，提炼典型经验、梳理创新举措、突出国家特色，尝试为我国媒体融合转型实践提供价值参照，形成示范效应。

上 篇 01

理论关照:
我国媒体融合的政策脉络与理论逻辑

第一章

我国媒体融合发展政策的演进脉络

推动传统媒体和新兴媒体融合发展，是党中央着眼巩固宣传思想文化阵地、壮大主流思想舆论作出的重大战略部署。党的十八大以来，习近平总书记对党的新闻舆论工作和媒体融合发展作出了一系列重要论述，我国也在顶层设计和配套措施层面相继出台了一系列政策。

一方面，本章以习近平总书记在全国宣传思想工作会议、党的新闻舆论工作座谈会以及中央政治局第十二次集体学习会议上等重要讲话为时间节点，深入挖掘习近平总书记重要论述的思想发源、形成脉络、内容特色与战略价值。另一方面，本章全面梳理了我国媒体融合的发展政策与阶段特征，探索我国媒体融合政策的发展导向与实践价值。

第一节　我国媒体融合发展政策的演进脉络

习近平总书记关于媒体融合发展的重要论述是马克思主义中国化的

最新理论成果，是党的理论创新体系的重要组成部分，为中国特色社会主义理论体系做出了巨大贡献。以此为逻辑起点，本部分深入论述习近平总书记关于媒体融合发展的系列重要论述的思想源流、核心内容与内涵特质，并梳理我国媒体融合政策的发展阶段与政策导向，特别是关于媒体融合与意识形态话语权、基于国家治理的媒体融合传播创新、占领传播制高点、构建全媒体传播格局等领域，探究其中的理论逻辑、战略思维与系统性方法论，尝试呈现党在新时代的全新舆论生态下，着眼于传播与治理的深层互动，对新闻舆论工作及国家治理效能的理念引领、理论创新与实践突破。

表1.1　中央层面的媒体融合政策

年份	名称	发布机构	政策类型
2010	《广电总局关于开办网络广播电视台有关问题的通知》	新闻出版广电总局	针对性政策
2013	《广电总局关于促进主流媒体发展网络广播电视台的意见》	新闻出版广电总局	针对性政策
2013	《关于全面深化改革的若干重大问题的决定》	中共中央	顶层设计类政策
2014	《关于推动传统媒体和新兴媒体融合发展的指导意见》	中央全面深化改革委员会	针对性政策
2014	《深化新闻出版体制改革实施方案》	新闻出版广电总局	针对性政策
2015	《关于推动传统出版和新兴出版融合发展的指导意见》	新闻出版广电总局、财政部	针对性政策
2015	《三网融合推广方案》	国务院办公厅	针对性政策
2016	《关于进一步加快广播电视媒体与新兴媒体融合发展的意见》	新闻出版广电总局	针对性政策

续表

年份	名称	发布机构	政策类型
2017	《关于促进移动互联网健康有序发展的意见》	中共中央办公厅、国务院办公厅	针对性政策
2017	《国家"十三五"时期文化发展改革规划纲要》	中共中央办公厅、国务院办公厅	顶层设计类政策
2017	《新闻出版广播影视"十三五"发展规划》	新闻出版广电总局	顶层设计类政策
2018	《关于加强县级融媒体中心建设的意见》	中央全面深化改革委员会	针对性政策
2018	《关于促进智慧广电发展的指导意见》	国家广播电视总局	针对性政策
2019	《关于促进文化和科技深度融合的指导意见》	科技部、中宣部、中央网信办、财政部、文化和旅游部、广电总局	针对性政策
2019	《关于推动广播电视和网络视听产业高质量发展的意见》	国家广播电视总局	针对性政策
2020	《关于加快推进媒体深度融合发展的意见》	中共中央办公厅、国务院办公厅	针对性政策
2020	《国家广播电视总局关于推动新时代广播电视播出机构做强做优的意见》	国家广播电视总局	针对性政策
2020	《关于加强广播电视公共服务体系建设的指导意见》	国家广播电视总局	针对性政策
2021	《广播电视和网络视听"十四五"科技发展规划》	国家广播电视总局	顶层设计类政策
2021	《广播电视和网络视听"十四五"发展规划》	国家广播电视总局	顶层设计类政策

表 1.2 配套性的媒体融合政策

年份	名称	发布机构	政策类型
2016	《电视台融合媒体平台建设技术白皮书》	新闻出版广电总局	配套政策
2016	《广播电台融合媒体平台建设技术白皮书》	新闻出版广电总局	配套政策
2017	《广播电视台融合媒体互动技术平台白皮书》	新闻出版广电总局	配套政策
2018	《深化党和国家机构改革方案》	中共中央	配套政策
2018	《国家广播电视总局职能配置、内设机构和人员编制规定》	中央机构编制委员会	配套政策
2019	《县级融媒体中心省级技术平台规范要求》	国家广播电视总局	配套政策
2019	《县级融媒体中心建设规范》	中共中央宣传部、国家广播电视总局	配套政策
2019	《县级融媒体中心网络安全规范》	中共中央宣传部、国家广播电视总局	配套政策
2019	《县级融媒体中心运行维护规范》	中共中央宣传部、国家广播电视总局	配套政策
2019	《县级融媒体中心监测监管规范》	中共中央宣传部、国家广播电视总局	配套政策
2019	《关于建立"国家广播电视总局媒体融合发展专家库"的通知》	国家广播电视总局	配套政策
2019	《关于创建广播电视媒体融合发展创新中心有关事宜的通知》	国家广播电视总局	配套政策
2019	《关于批准建设媒体融合与传播等4个国家重点实验室的通知》	科技部	配套政策

基于我国的媒介实践，习近平总书记提出了关于媒体融合重要论

述，我国也出台了关于媒体融合的顶层设计与配套政策（见表1.1和表1.2），这些论述和政策伴随着我国媒介环境的变化和媒介实践的发展而不断丰富。纵观近几年的相关重要论述和国家政策，本书认为我国媒体融合发展政策的演进脉络大体分为三个阶段。

一、2010 年—2013 年：媒体融合工作的资源供给与地位提升

2010 年到 2013 年是我国媒体融合工作的战略地位不断提升的阶段，这一时期我国的媒体融合政策以及习近平总书记关于媒体融合的重要论述，重点聚焦于我国媒体融合的资源整合与供给，以此保证媒体融合发展方向的正确性。

2010 年 5 月，广电总局《关于开办网络广播电视台有关问题的通知》下发，鼓励广播电视台与宽带互联网和移动通信网等新兴信息网络媒体进行融合。2013 年 1 月，原广电总局制定出台了《关于促进主流媒体发展网络广播电视台的意见》，支持中央广播电视播出机构和一些相对有实力、有创意、有进取精神的地方广播电视台先行先试。这些政策的出台一定程度上促进了我国媒体在融合转型方面的实践与探索，并对媒体融合发展进行了一定的程度的鼓励与引导。

在党和国家层面，最高领导人 2013 年首次在公开场合提及媒体融合相关概念。2013 年 8 月 19 日，习近平总书记在全国宣传思想工作第四次会议上的讲话，深刻阐述了事关宣传思想工作长远发展的一系列重大理论和现实问题，这也成为指引我国新闻舆论和宣传思想工作的重要行动纲领。在这次讲话中，习近平总书记首次正式提及媒体融合发展，并指出主流媒体要"本领恐慌"的问题，不断进入主战场，而不是被边缘化。他谈到要"加快传统媒体和新兴媒体融合发展，充分运用新技术新应用创新媒体传播方式"①。这意味着，我国要从工作手段上不断创新，不断应新兴媒体的发展趋势，以媒体融合发展助力国家意识形态建设和宣传思想文化工作。这次会议对我国的意识形态建设具有顶层设计的作用，在这样的高级别会议上论述媒体融合发展问题，并将媒体融合作为宣传思想工作创新的重要手段与方式，更加说明了我国传统媒体和新兴媒体融合发展的紧迫性，这一讲话也为我国媒体融合事业在新时代的发展奠定了基础。

2013 年 11 月 12 日，党的十八届三中全会审议通过了《中共中央关于全面深化改革若干重大问题的决定》，该决定的重点在于在国家层面进行制度性变革和体制性创新，全面深化改革、推动社会转型，并破除阻碍改革发展的障碍。在这一文件中，明确指出："整合新闻媒体资源，推动传统媒体和新兴媒体融合发展。推动新闻发布制度化严格新闻工作者职业资格制度，重视新型媒介运用和管理，规范传播秩序。"②作为涵盖媒体融合工作的第一个国家级重要决定，其标志着媒体融合工作已经进入国家全面深化改革布局，成为社会改革的重要部分，并将得到国家战略层面的指导。以此为标志，我国媒体融合工作开启了体系化和全局化进程。

二、2014 年—2018 年：媒体融合发展理念的体系建设

经过 2014 年到 2018 年的发展，习近平总书记关于媒体融合重要论

---

① 中共中央文献研究室. 习近平关于全面深化改革论述摘编［M］. 北京：中央文献出版社，2014：84-85.
② 关于媒体整合，总书记这样说［EB/OL］. 新华网，2016-02-20.

述的内容越来越丰富，指导我国媒体融合发展的理念、发展路径和目标等也进一步完善。

2014年8月18日，中央全面深化改革领导小组第四次会议上，审议通过了《关于推动传统媒体和新兴媒体融合发展的指导意见》，这是我国媒体融合政策体系中的首个框架性、专门性指导文件。与此同时，习近平总书记发表针对这一媒体融合发展指导意见的重要讲话，宏观论述了媒体融合的程度、方式和目标等问题。为后续全面铺开的媒体融合发展实践指明了方向。本次论述除了强调推动媒体融合发展要遵循的基本规律和思维方式，还提出了扎根于中国媒体发展实际的媒体融合目标。习近平总书记指出，要建设能够传播党和人民声音并具备强大影响力的新型主流媒体，这也成为我国媒体融合发展的关键目标。至此，媒体融合正式上升到国家战略、国家行动层面，成为党中央在全面深化改革的背景下，为适应媒介技术的深刻变革、巩固宣传思想文化阵地、壮大主流思想舆论、确保意识形态安全作出的重大战略部署。这一年也成为中国媒体的"融合发展元年"。

媒体融合上升为国家战略并确定媒体融合发展目标之后，我国进入探索媒体融合实践发展道路的新阶段。2015年12月25日，习近平总书记在视察解放军报社时再次发表针对媒体融合问题的重要讲话，将"一体发展"升级为"一体化发展理念"，指出要推动各种媒介资源、生产要素有效整合，① 从而催化媒体融合由量变向质变升级。一体化发

---

① 曹智，栾建强，李宣良. 坚持军报姓党坚持强军为本坚持创新为要 为实现中国梦强军梦提供思想舆论支持［N］. 人民日报，2015-12-27.

展理念与互联网思维在本质上是一致的，其核心都是互联互通，① 即传统媒体既要秉持开放、平等、共享、技术引领的崭新的思维模式，从而参与到媒体融合实践当中，又要注重内容、技术、平台、渠道、人才等各要素的融合共通。本次论述提出的"一体化发展理念"进一步指明了我国媒体融合发展所要遵循的工作思路。自此，媒体融合实践有了更为具体明确的发展理念指引，在发展思维层面保证媒体融合在正确轨道运行，为接下来深入推进媒体融合发展打好基础。

尽管媒体融合已经上升为国家战略，但在实际的转型发展过程中，我国媒体的融合实践依旧有很多问题需要解决。很多媒体只是将业务进行简单的拼接和相加，而没有实现真正的合作、重组与相融，一些媒体并未真正朝向一体化发展方向发展。随着信息技术的发展，媒体对社会系统的影响越来越大。尽管融合发展取得了跨越式的成就，但"融易合难""融而未合"等问题仍然存在，党中央和习近平总书记对于主流媒体通过媒体融合发展来占领网络舆论阵地，掌握舆论引导主动权和主导权的战略部署还没能得到充分实现。

2016 年 2 月 19 日，习近平总书记在党的新闻舆论工作座谈会上强调，要尽快从相"加"阶段迈向相"融"阶段，从"你是你、我是我"变成"你中有我、我中有你"，进而变成"你就是我、我就是你"，着力打造一批新型主流媒体。② 作为一个发展目标，必然不是只有少数媒体达到这种融合状态，而是需要这种融合状态普遍存在于媒体生态之

---

① 喻国明，姚飞. 强化互联网思维推进媒介融合发展 [J]. 前线，2014 (10)：54-56，58.

② 中共中央文献研究室. 习近平关于社会主义文化建设论述摘编 [M]. 北京：中央文献出版社，2017：45-46.

中。本次论述，再次强调了新型主流媒体是中国媒体融合的发展目标，而且进一步深化了新型主流媒体的内涵，提出其关键是"融为一体、合而为一"。习近平总书记本次论述的意义还在于，让推动媒体融合实践的参与者意识到，不只要注重媒体融合的效率，更要提高媒体融合的质量，要促使中国媒体融合发展走向精细化阶段。

媒体"中央厨房"是一种"一次采集、多种生成、多元发布"的内容生产模式。2015年以来，以"中央厨房"为主要模式的媒体融合改革方案在中央和省市级媒体逐步推广。仅在2017年，全国就有18个省市主流媒体建成"中央厨房"并投入使用。① 此时，"中央厨房"模式从中央到省市级已完成布局，并初具规模。

面对这一基本形势，为了进一步巩固和壮大主流思想舆论，2018年8月21日，习近平总书记在第五次全国宣传思想工作会议上提出"要扎实抓好县级融媒体中心建设，更好引导群众、服务群众"②。同年9月，中宣部作出部署，要求2020年年底基本实现县级融媒体中心在全国的全覆盖，而2018年要先行启动600个县级融媒体中心建设。③ 随后，《关于加强县级融媒体中心建设的意见》《县级融媒体中心建设的五项标准规范》相继问世并实施，为县级融媒体中心建设提供了强有力的政策指导。建设县级融媒体中心是打通基层"最后一公里"的重要举措，表明我国的媒体融合发展开始从省级以上层面转而向基层全面

---

① 程忠良. 人工智能时代"中央厨房"式媒介融合路径的追问 [J]. 编辑之友，2019 (5)：49-53.
② 张洋. 举旗帜聚民心育新人兴文化展形象 更好完成新形势下宣传思想工作使命任务 [N]. 人民日报，2018-8-23.
③ 郭全中. 我国媒体融合实践进展研究 [J]. 行政管理改革，2019 (7)：35-39.

铺开，媒体融合的整体格局初步形成。

三、2019 年至今：推进媒体融合向纵深发展

2013 年到 2018 年，习近平总书记多次论述媒体融合相关问题，其论述的体系性、理论性特征已经显现，但集中系统的论述尚未出现，2019 年 1 月 25 日，中共中央政治局在人民日报社就全媒体时代和媒体融合发展举行第十二次集体学习。习近平总书记针对媒体融合发展问题发表重要讲话。在这次论述中，习近平总书记对过去媒体融合发展的经验和问题、当下媒体融合发展所处的时代背景作了总结和归纳，深刻分析了媒体融合发展面临的机遇和挑战，为接下来如何推动媒体融合向纵深发展提供了前瞻性思考和方向性指引。

习近平总书记本次关于媒体融合的论述，明确了要构建全媒体传播格局。而对于如何构建全媒体传播格局，总书记也指明了具体思路，主要包括：要坚持一体化发展方向；要坚持移动优先策略；要用主流价值导向驾驭"算法"；要旗帜鲜明坚持正确的政治方向、舆论导向、价值取向；要使全媒体传播在法治轨道上运行，对传统媒体和新兴媒体实行一个标准、一体管理。[1] 构建全媒体传播格局成为我们当前面临的紧迫课题，这是以习近平同志为核心的党中央为媒体融合发展描绘的新时代蓝图。

2019 年 10 月 31 日，党的十九届四中全会审议通过了《中共中央关于坚持和完善中国特色社会主义制度、推进国家治理体系和治理能力现代化若干重大问题的决定》（以下简称《决定》），《决定》除了再

---

① 习近平 . 加快推动媒体融合发展 构建全媒体传播格局［J］. 求是，2019（6）.

次强调要坚持党管媒体的原则，还指出要建立以内容建设为根本、先进技术为支撑、创新管理为保障的全媒体传播体系。①《决定》将媒体融合工作所要构建的全媒体传播体系纳入国家治理体系和治理能力现代化范畴当中，从内容、技术和创新管理角度为媒体融合发展如何参与社会治理乃至促进国家治理体系和治理能力现代化提供了指向。媒体融合不仅仅是传播命题，还是社会治理命题。伴随着中央、省、市、县各级融媒体建设的逐步完善，媒体机构能够更好地发挥通达社情民意、传递主流声音的作用，融媒体也自然而然成为国家治理体系和国家治理能力现代化的重要组成部分。

2020 年 6 月，中央全面深化改革委员会第十四次会议审议通过了《关于加快推进媒体深度融合发展的指导意见》（以下简称《意见》）。同年 9 月，中共中央办公厅、国务院办公厅印发该意见并发出通知，要求各地各部门结合实际认真贯彻落实。《意见》从重要意义、目标任务、工作原则三个方面明确了媒体深度融合发展的总体要求，进一步提出了"推动主力军全面挺进主战场""走好全媒体时代群众路线""以先进技术引领驱动融合发展""大力培养全媒体人才"和"形成政策保障体系"等具体要求。同时，《意见》明确我国媒体深度融合的发展布局是"四级融合发展布局"，即以"中央媒体、省级媒体、市级媒体和县级融媒体中心"为主体建设全新的媒体发展体系。自此，中国的媒体深度融合发展进入全面深化、实施阶段。

2019 年以来，习近平总书记关于媒体融合重要论述体系化程度加

① 中共中央关于坚持和完善中国特色社会主义制度 推进国家治理体系和治理能力现代化若干重大问题的决定 [M]. 北京：人民出版社，2019：24.

深，其重点内容是推进媒体融合走向纵深发展阶段、构建全媒体传播格局。可以预见，随着各界对媒体融合认识和实践的深入，作为推进媒体融合向纵深发展的重要思想武器，习近平总书记关于媒体融合的重要论述还将继续丰富和发展。

第二节　我国媒体融合发展政策的内涵阐述与战略价值

梳理习近平总书记关于媒体融合的重要论述，以及中央层面颁布的媒体融合政策文本，可以发现，我国媒体融合政策的演进呈现出明显的阶段性特征：

第一阶段注重资源供给，旨在满足媒体行业发展的需求。这一时期的目标是实现媒体一体化发展，促进不同类型媒体的融合，以及媒体内部生产要素和资源配置的融合。

第二阶段注重格局建设，旨在满足舆论引导的需要。这一阶段的重要目标是按照一定规划，建设新型主流媒体。习近平总书记是沿着这样一条理论进路来指导新型主流媒体建设实践的：从中央到基层"自上而下"地全覆盖；由"主干"到"支系"，由"表"及"里"地逐层推进；从"量"到"质"的飞跃；从"浅水区"到"深水区"的系统化改革。

第三阶段注重服务创新并嵌入国家治理体系，明确了通过推动媒体融合向纵深发展，构建出全媒体传播体系，并使其成为整个社会体系的关键组成部分的最终目标。这需要我国媒体积极嵌入、融合于社会政治体系、经济体系和文化体系等社会体系之中，最大限度发挥全媒体传播体系促进社会发展的强大力量。需要特别指出的是，全媒体传播体系的具体内涵会随着媒体深入融合的发展而不断深化，建设要求也会随着社会发展和国家战略需求的变化而不断调整。

媒体传播对社会系统的影响并不完全是正面的，只有积极引导媒体发展，发挥媒体在社会系统中的建设性作用，才能使媒体真正助力于社会发展。我国媒体融合政策以及习近平总书记关于媒体融合重要论述的核心指向，解决的就是这方面的问题，要运用信息革命成果，处理好影响媒体融合发展的四大关系，加快构建融为一体、合而为一的全媒体传播格局。

一、顶层设计为先，国家政策体系提供制度保障

我国媒体融合是一个历时性进程，最终目的是实现系统性的全媒体。因此，在推进媒体融合的过程中必须要对阶段性成果和未来走向进行思考。这要求我们一是要形成一种生成性思维，以超越融媒体在建设之初的学术范式和经验框架；二是要从全媒体的角度，回过头思考媒体融合关键步骤的走向。在媒体融合实践的过程中，我们必须要实事求是、坚持理论联系实际，正确地对待和处理一系列问题。

中共中央政治局在人民日报社就全媒体时代和媒体融合发展举行第十二次集体学习中，习近平总书记特别强调了媒体融合要"抓紧做好顶层设计"，并要求"各级党委和政府要从政策、资金、人才等方面加大对媒体融合发展的支持力度"。因此，加快构建全媒体传播格局，需要从国家层面做好顶层设计。一方面，各级媒体机构在媒体融合发展中

表现出极大的积极性，但由于对新兴媒体的发展规律的认识和把握不够深刻，出现了"各自为政、缺乏协同"的情况。① 另一方面，媒体机构内部没有充分认识到信息技术进步带来的革命性变化，资源的调动能力也有所不足，在媒体融合发展实践中仅仅把内容数字化，没有进行根本性的变革。因此，媒体融合发展亟须纳入国家政策体系，从中央到地方统一贯通部署，这正是习近平总书记强调的"要抓紧做好顶层设计，打造新型传播平台，建成新型主流媒体，扩大主流价值影响力版图"②。

习近平总书记的这一论述非常必要和及时。首先，中央媒体和地方媒体的关系需要进一步厘清。在全媒体传播格局上，中央媒体和地方媒体要明确自身责任，分别落实在扩大主流价值影响力版图中的任务。中央主要媒体机构应当以"打造新型传播平台"为目标，而省级媒体集团需要承担起"建成新型主流媒体"的责任。其次，媒体融合的建设工程必须作为地方的"一把手"工程，要有党委政府的组织协调和资源配套保障，才能保证融媒体更好更快地建设，各地党委需要加强统筹部署，主动谋划本地区的媒体融合发展工作，将其放在全局位置，摆上重要议程。目前上海、广东、吉林、河南等地正在落实媒体深度融合的组织领导和支持保障，加大财政支持力度，形成政策保障体系，积极探索本地媒体融合发展之路，打造符合本地实际的融媒体平台。最后，媒体机构本身要充分利用现代技术手段，聚合起各方面资源，打造全媒体传播矩阵。

---

① 宋建武，林洁洁. 遵循新兴媒体发展规律 推动媒体融合向纵深发展 [J]. 传媒观察，2019（4）：5-9.
② 习近平. 加快推动媒体融合发展 构建全媒体传播格局 [J]. 求是，2019（6）.

二、协同机制突出，多方主体共建提供资源支持

加快构建全媒体传播格局，需要多种主体力量参与。习近平发表在《求是》杂志 2019 年第 6 期的文章《加快推动媒体融合发展，构建全媒体传播格局》中指出"媒体融合发展不仅仅是新闻单位的事，要把我们掌握的社会思想文化公共资源、社会治理大数据、政策制定权的制度优势转化为巩固壮大主流思想舆论的综合优势"。推动新旧媒体融合发展已经超出了新闻传播领域的范畴，成为国家治理体系的重要组成部分，需要媒体、党政机构以及社会力量三方共同参与、整合协同。

在大众传播时代，由于传播技术的限制，传统媒体依据各自不同的传播媒介为用户提供界限分明的产品。但随着媒体融合发展的深入拓展，在这种融合而成的大传播格局下，"泛媒体化"就成为发展的必然趋势。在泛媒体传播中，特别值得重视的是平台，对于用户而言，其需求就是通过一个平台来实现对各类信息的所有需求。党政机关、企业、社会组织等主体都可以参与到主流传播平台的建设。同时，在维护意识形态安全上，党政机构和社会力量也要积极作为，努力把握新闻传播规律，增强对新闻宣传和网络安全的认识，守住舆论主阵地，共同构筑起意识形态安全的"护城河"。习近平总书记多次要求"各级领导干部要增强同媒体打交道的能力，不断提高治国理政能力和水平"[1]，正是因为这是做好意识形态工作的战略要求，也是壮大主流舆论的紧迫任务。

在发挥多种主体力量的时候，也要注重管理制度和管理方式的创新。习近平总书记强调，要使全媒体传播在法治轨道上运行，对传统媒

---

[1]　习近平. 加快推动媒体融合发展　构建全媒体传播格局［J］. 求是，2019（6）.

体和新兴媒体实行一个标准、一体管理①。以"融合"为生产方式的全媒体发展，打破了信息生产和传播的权力格局，这就要求在经营管理上尊重各方利益需求，同时适应新媒体开放性的特点，改变传统单一主体封闭控制的经营管理方式，向着开放共享的经营管理模式转变。需要注意的是，在社会力量的参与上，管理部门对于新闻舆论工作的哪些领域可以向社会力量开放、哪些领域不能开放要有基本的原则和底线，对于不能开放的领域，要坚决守住。"面对全球一张网，需要全国一盘棋。"宣传管理部门要改革创新管理机制，配套落实政策措施，推动全媒体传播格局的构建向正确方向发展。

三、打破固化关系，形塑新传播格局，提供发展动力

加快构建媒体传播格局，需要打破原有的"固化关系"。习近平总书记在讲话中指出，推动媒体融合发展，要统筹处理好传统媒体和新兴媒体、中央媒体和地方媒体、主流媒体和商业平台、大众化媒体和专业性媒体的关系。习近平总书记提出的这四大关系，抓住了媒体深度融合发展的主要矛盾和关键环节，是给媒体融合的实践者和研究者提出的重大课题。

媒体融合要处理好的四大关系实质上反映了"全媒体时代"的媒体发展和传播规律。传统媒体和新兴媒体的关系的核心是在技术推动下坚持一体化发展战略；中央媒体和地方媒体的关系的核心是在顶层设计下坚持政策体系和资源分配的上下贯通；主流媒体和商业平台的关系的

---

① 习近平. 加快推动媒体融合发展 构建全媒体传播格局 [J]. 求是，2019 (6).

核心是在合作互补中坚持主流舆论的引导和壮大；大众化媒体和专业性媒体的关系的核心是在共生相融中坚持综合性和专业性的平衡。这四大关系背后的核心命题，都共同指向了融为一体、合二为一的"全媒体传播格局"。

形塑新时代的全媒体传播格局，需要针对性地解决四大关系中的核心命题，打破原有的固化关系。第一，在把握传统媒体和新兴媒体的关系上，主流媒体要基于传统媒体在内容生产能力和社会公信力上的优势，借助新兴媒体在传播渠道和终端上的发展，实现各种媒介资源、生产要素有效整合，向新型主流媒体升级迭代；第二，在把握中央媒体和地方媒体的关系上，要坚持顶层设计，建立起一个以新型主流媒体平台为核心、打通各个层级的全媒体传播体系；第三，在把握主流媒体和商业平台的关系中，主流媒休要牢牢掌握舆论场主动权和主导权，在此前提下和商业平台开展合作，借助商业平台扩大主流舆论影响力；第四，在把握大众化媒体和专业性媒体的关系上，主流媒体要从实际出发，根据自身的资源条件和发展特点选择不同的全媒体转型路径。

传统媒体在推进媒体融合的过程中，往往要面临一些资源投放的取舍问题。在信息时代，增量取代存量的速度越来越快，传统媒体在转型期必须培养增量思维，把互联网变成一个事业最大的增量。2016年2月19日，习近平总书记在党的新闻舆论工作座谈上表示，要抓住时机、把握节奏、讲究策略，从时度效着力，体现时度效要求。所以，我国传统媒体必须加快集中向新兴业态投入更多人力与资源，抓住互联网这个最大的增量。

信息技术的革新给原有的媒体格局带来了深刻影响和重大变数。但正如习近平总书记所强调的，信息化为我们带来了难得的机遇。媒体融合是主流媒体"自我进化"的过程。我们要深入贯彻习近平总书记关于媒体融合发展的重要论述，推进媒体融合向纵深发展、向"深度融合"迈进，构筑强而有力、协同高效的媒体融合体系，提高主流舆论的引导效能，为我国的社会发展提供源源不断的舆论支持和强有力的思想保障①。

---

① 习近平 . 加快推动媒体融合发展 构建全媒体传播格局［J］. 求是，2019（6）.

第二章

媒体融合的理论逻辑：从"结构化连接"到"系统性联结"

与传统社会相比，新型网络社会的信息秩序几乎被重塑，随着媒介技术和传播方式的迭代发展，人与人、人与物、物与物之间的关系也在发生着改变，并形成了新的社会关系，为媒体融合提供了新的思路。

在媒体融合转型的初始阶段，我国媒体开启了大规模的连接实践，通过传统媒体的"触网"和媒体内容的"上网"等行动，来拓展传播渠道，应对互联网对媒体行业的冲击。随着媒体融合的纵深推进，我国媒体开始更加重视移动互联网传播环境下的联结实践，深度开发并利用更多的关系资源，形成媒体生态，并嵌入到宏观的社会生态系统中。

媒体融合实践的不断推进，必须建立在对媒介发展本质的动态认知的基础上，通过回顾媒体融合的发展进程，本书认为，我国的媒体融合需从"结构化连接"向"系统性联结"进行逻辑转换。

第一节　从"连接"到"联结"：
媒体融合进程中的关系变迁

　　习近平总书记指出："当今世界，信息技术革命日新月异，对国际政治、经济、文化、社会、军事等领域发展产生了深刻影响。信息化和经济全球化相互促进，互联网已经融入社会生活的方方面面，深刻改变了人们的生产和生活方式。我国正处在这个大潮之中，受到的影响越来越深。"[①] 传播革命的深入使得媒介不断地进行自我升级与革新，不仅带动了自身外在形态与内在内容的转变，也重塑了社会的信息结构。

　　媒介技术的发展，逐渐打破了线上线下的边界，催生着网络社会的崛起。在网络社会中，个体和组织的控制力通过新信息技术不断延展与扩张，社会要素与动力之间的连接性机制得以重组，网络作为一种"重新结构社会的方式和力量"，形成相互联系和依存网络系统。[②] 双向、交互、数字化的互联网传播时代，信息传播呈现网络化，每个节点都是传输中心，每个节点都可以参与信息的生产，信息流向呈现为网状、双向的结构。传播模式从以技术为导向的、独白式的传统线性传播模式转向以关系为导向的、对话式的全息传播模式。美国学者格兰诺维特认为，生活在网络之中的个人，通过关系，在动态的互动过程中相互影响，不但个体的行动受到影响，相互的关系也会随之改变，主体之间

　　① 习近平. 总体布局统筹各方创新发展 努力把我国建设成为网络强国 [EB/OL]. 人民网，2014-02-28.
　　② 曼纽尔·卡斯特. 网络社会的崛起 [M]. 北京：社会科学文献出版社，2003：214.

会进行能量传递和交互生成，从而影响整体结构，因此"关系"成为诠释个人、组织对社会嵌入程度及互动效应最为重要的因素。①

从关系视角出发，我们可以看到，在媒体融合的进程中，面对互联网的崛起与冲击，人们的社会互动关系不断调整，社会成员在重新调动并分配着关系资源，面对这种改变，传统媒体必须调整自身在整个社会生态系统的位置，加强对系统内外部关系资源的运用，通过形态与功能的变革来进行自我革新，重构新型传播关系，在这样的背景下，媒体传播过程中的关系结构也随之处于动态的变化当中。

一、早期融合转型中的浅层"连接"

进入 21 世纪，互联网的强势崛起对我国传统媒体造成了极大的冲击。门户网站、社交媒体的迅猛发展，挤压了传统媒体的生存空间，尤其自 2006 年以来，大量传统媒体的广告收入开始下滑，报纸与电视频道出现关停潮，严峻的形势促使大量的传统媒体开启了转型之路，也带动了整个媒体关系生态的转变。

一方面，传统媒体的关系网不断扩张，依托互联网实现了更为广阔的"连接"。报网互动的转型模式开始出现，传统媒体积极开办网站和"两微一端"等，并建立全媒体集群，通过这样的触网行动拓展传播渠道、创新传播样态，一定程度上扩张了自己的受众关系网络。在积极拥抱互联网的努力之下，传统媒体的传播渠道得到极大的拓展，依托着传统媒体内容生产的专业优势，结合互联网逐渐移动化的趋势，其专业优

---

① 臧得顺. 格兰诺维特的"嵌入理论"与新经济社会学的最新进展 [J]. 中国社会科学院研究生院学报，2010（1）：108-115.

势得以充分发挥，一定程度上扩张了自己的受众关系网络。此外，互联网突破了人际交往的空间障碍，打破了原有信息流通的"地缘"限制，此时传统媒体依托互联网开通了反馈渠道，使得受众能够通过评论、转发、回复等方式在受众间进行最基本的互动，受众间开始依托媒体建立起了基本的连接关系，也促使了以媒体为关键节点的受众关系网的形成。

但另一方面，这一时期受众和媒体之间未从本质上脱离"传受"的二元关系，仍停留在一种基于内容消费的"弱关系"。在媒体融合早期，媒体对互联网的应用往往表现为简单的内容复刻，即将传统媒体的内容照搬到互联网平台，该时期的媒体更多追求的是传统媒体内容在更大范围的触达。[1] 但这样的关系往往是在互联网基础上的随机的、偶然的连接上而产生的，其关系往往是短暂的、瞬时的，且强度往往很弱。而且，作为关系网络中的节点的受众，由于大家往往仅是各抒己见，观点与观点之间的互动与交流并不丰富，导致其节点的关系连接数量也较少，此时的受众群体也尚未通过媒体这一中心节点建立起固定的关系网络。这一时期传统媒体在运营过程中仍将关系价值锁定在"受众注意力"的传统观念，虽然已有较为成熟的沟通渠道和反馈体系，但未对受众关系进行有效的多元开发与利用，也少有通过广泛的、积极的沟通实践来对关系进行维护与强化。

喻国明曾指出，前 Web2.0 时代的媒体其核心价值是信息的呈现方式，人与人的关系较为弱化，人作为"全部社会关系的总和"的本质

---

[1] 彭兰．"连接"的演进——互联网进化的基本逻辑［J］．国际新闻界，2013，35（12）：6-19.

特征并没有深度挖掘，信息无法以人为本地在有关联的人与人之间进行更有针对性的流动，而 Web2.0 的价值就是要创造一个社会性的网络，把"人"这个维度引入信息的生产、获取、组织与呈现当中。① 然而，在媒体融合转型的早期阶段，传统媒体对互联网的使用和把握层次较浅，仅仅将其作为扩充传统媒体内容传播渠道的载体工具，虽然在一定程度上拓展了传统媒体的传播范围，扩大了其自身受众关系网，但并未将互联网作为基本的大背景加以把握，最终实现的是浅层连接的"+互联网"而并非"互联网+"。

尽管得益于互联网互联、共享、底层赋权等机制，主流媒体受众的主动性得到了一定的彰显，也能够利用传统媒体依托互联网建立起的平台开始形成一定的社会交往，从而形成了规模并不大且连接较为松散的初级关系网络。但由于传统媒体在这一时期的运行仍未脱离曾经的"传受"模式，媒体对其与受众群体之间的关系价值的重视程度低、挖掘程度不够，从而造成了媒体与受众之间的关系呈现出弱关系的特征，造就了一个以"浅层连接"为特征的媒体与受众、受众与受众间的弱关系网，融合的程度整体来看层次较浅，只是单一化的渠道融合与相关资本的结合，其成果也只是依据传统媒体的方式运营以互联网为载体的新型媒体传播渠道。

二、作为全媒体战略思维的深度"联结"

2014 年 8 月中央全面深化改革领导小组第四次会议正式讨论并通

---

① 喻国明，李彪. 渠道整合力和内容呈现力：未来媒体竞争的聚焦点 [J]. 新闻界，2007（1）：3-4.

过了《关于推动传统媒体和新兴媒体融合发展的指导意见》，其中不仅首次将主流媒体建设纳入到了国家治理体系中，将媒体转型与国家发展紧密结合，同时更是提出主流媒体在新时代的更新换代，提出推动建设"新型主流媒体"，并直指曾经互联网时代媒体转型做简单"加法"的弊病，提出要推动媒体转型尽快从"相加"迈向"相融"阶段。宏观层面的明确指引为主流媒体提供了进一步转型发展的方向，大量主流媒体也开始深度把控互联网基因，积极融合互联网思维来进行自身的改造。此外，从互联网自身的发展情况来看，2014 年是中国正式进入 4G 运营的一年，为互联网技术的纵深发展与行业生态的变迁奠定了技术基础，移动化成为互联网的必然趋势。同时，大量垂直化网站、APP 快速崛起，多样化、个性化的需求被充分挖掘，形成了多样化的内容生态。

在国家政策与行业自身发展的双重驱动下，传统媒体与新兴媒体的融合态势也在不断突破，实现从"浅层连接"到"深度联结"的逻辑转换。

一方面，主流媒体在转型过程中开始放低身段，逐渐引入了互联网思维和以服务为主导的运营理念。主流媒体开始更加注重针对互联网语境的量体裁衣，根据新兴媒体规律进行内容生产和用户维护，从简单的内容触达转向以互动对话为主的内容服务。同时，主流媒体也在积极探索新型的盈利模式并朝向综合性的媒体集团转型，开发了众多媒介产品以满足用户的多样化需求，扩大与用户的关系网，增强其与用户的关系强度。

另一方面，除主流媒体自身的积极转型外，用户个体也被充分激活，去中心化的趋势使得用户群体之间的交流与信息交换变得密切，用户个体的关系网逐渐丰满，关系强度也在逐渐增强。用户针对主流媒体所提供的内容与服务的反馈与意见能够通过互联网平台得到充分的表达，各种观点与意见能够在相对开放的互联网场域中获得交流。用户通过以主流媒体的内容、服务为中介而形成强关系的概率被大大提升。

随着网络社会的发展，互联网成为一种构造新传媒领域的结构性力量，整个社会资源、社会要素组合面对的现实基础都已发生革命性的改变。① 从这个角度来看，我们应该审时度势根据互联网的逻辑，根据互联网呈现的传播领域和社会领域的新常态来决定媒体融合的发展战略。从传统媒体与新兴媒体融合的现实与趋势来看，传媒转型必须摆脱传统业态的逻辑，转向遵循互联网的逻辑。近年来传统媒体的融合实践，既有成功也有失败，但总体而言其中的大部分是基于"弱连接"而进行的改革。在把握了技术发展本质的基础上，媒体融合要真正取得突破，需进行从"浅层连接"到"深度联结"的逻辑转换。

从关系程度来看，"连接"意味着"触达"，"联结"则意味着"深度互动与合作"。"连接"是指信息接触、流通的关系，而"联结"是指参与、协议和社区网络的传播关系，是更紧密、更彻底的连接。② 连接，意味着在移动互联网时代，媒体找到自己的那部分受众，并与受众群体建立联系。但是，联结的意义更深一层，它意味着，媒体不仅找到这群受众，还依赖自身的维系或运营，让这部分受众积极主动地与媒

---

① 喻国明. 互联网逻辑下传媒产业转型升级的关键与发展进路 [J]. 新闻与写作，2014（7）：50-55.

② MAO G Q. Connectivity of Communication Networks [M]. Berlin：Springer International Publishing，2017.

体机构或平台进行互动，甚至搭建起互动社区，彼此对话，让受众与受众、受众与媒体、媒体与媒体之间也建立联系并进行深度合作。

从关系范围来看，"连接"意味着与受众的"关系建立"，"联结"则意味着对于整个社会网络的"全系嵌入"。"连接"强调的是关系的建立，是客观条件的存在；而"联结"则更强调关系的嵌入性。嵌入理论认为，社会成员嵌入在具体的社会关系中，主要包括关系嵌入与结构嵌入。① 所谓关系嵌入是指单个行为主体嵌入到与他人互动所形成的关系网络之中，当下人际关系网络中的某些因素，如对相互赞同的渴求、互惠性原则等，都会对行为主体的决策产生重要影响。② 与此同时，结构性嵌入则表示，行为主体所在的网络又是与其他社会网络相互联系的，并构成了更广阔的社会网络结构。学者古拉蒂认为，在现实世界中，组织被嵌入在社会、专业和带有其组织因素的交换关系的网络之中，组织的关系网络包含了其与各种利益相关者之间的各种关系，将对组织具有战略意义。③ 从以上学者的阐述可以看出，"全系嵌入"意味着，媒体不仅要去开发利用外界的关系资源，还要将自身作为关系网的一部分，融入社会网络中，将此作为一种组织战略，我国媒体在转型过程中必须有组织经营思维，将"联结"作为一种战略来实行。具体来说，就是要构建一个全媒体"嵌入"网络，将内容生产、传播、反馈过程，以及信息、用户、社群、资源等传播要素，全都纳入这张网

① GRANOVETTER M. Problems of explanation in economic sociology [J]. Networks & organizations structure form action, 1992.

② 黄志辉. "嵌入"的多重面向——发展主义的危机与回应 [J]. 思想战线，2016，42（1）：96-104.

③ SMELSER N J. The sociology of economic life [M]. Boulder：Westview Press，1992：25.

络中。

　　总之，在国家战略层面的引导下，我国媒体已开始重新审视自身的运营机制，并对关系资源进行广泛构建与深度挖掘。本书认为，我国的媒体融合转型实践，要从"连接"思维向"联结"思维进行转换，在与各种社会成员进行深度互动与合作的基础上，努力嵌入更广阔的社会关系网络中，承担更多的功能与作用，探索"全系嵌入"的方式与路径，从而真正迈入"深度融合"时代。

第二节　从"结构化"到"系统性"：
媒体融合发展中的生态构建

　　回顾过去的媒体融合进程，可以看到，从"报网互动""台网互动"的数字化转型，到"互联网化""全媒体化"等实践理念的提出，我国的媒体融合转型实践做了很多探索，随着国家政策的系统布局，我国四级媒体的融合格局也基本形成，这意味着我国"结构化"媒体融合基本完成。但与此同时，体制机制的束缚、各层级媒体融合的差距、商业平台对主流媒体发展空间的挤占等问题依旧存在。[①] 因此，如何促进媒体融合实践过程中内外部资源转化、多平台融合与关系联结等方面的变革，探索系统性的媒体融合工程，是我国媒体融合要突破的现实命题。

---

　　① 黄楚新. 全面转型与深度融合：2020 年中国媒体融合发展 [J]. 现代传播（中国传媒大学学报），2021，43（8）：9-14.

前文提到，我国媒体融合转型的路径方向是注重战略上的"联结"思维，并搭建"全系嵌入"的社会网络。在实践导向上，本书认为，随着各区域、各层级的新型主流媒体的逐步建立，我国媒体融合的最终指向，是形成系统性的媒体融合生态。

"系统"观念古已有之。在中国传统思想中早已出现了动态系统运筹思想，古代圣贤也在运用"系统"观念思考自然与社会问题。20 世纪 30 年代，奥地利学者路·冯·贝塔朗菲创立了"一般系统论"（general system theory），正式提出"系统"这一概念并定义系统是"处于一定相互联系中的与环境发生关系的各组成要素的总体"[1]。1984 年，尼古拉斯·卢曼的《社会系统》问世，他把系统科学理论同组织学理论相结合，提出社会系统是一种在一个封闭循环的过程中不断通过沟通制造出的自我指涉系统，它既具有封闭性又具有开放性。[2] 基于此，有学者将社会定义为由人类个体构成、开放耗散且具有适应性和自组织能力的复杂适应性网络结构系统。[3]

进入 21 世纪，网络技术在全球普及，促使社会结构快速革新，曼纽尔·卡斯特在著名的"信息时代三部曲"中，对网络社会概念、网络社会中的认同及政治、经济和文化的互相作用进行了阐述。网络媒介技术深嵌于人类社会系统中，改变着人类社会的结构，并将人类命运关联程度不断提升，在中心化与去中心化、共同体与圈层化并存的当代社

---

[1]　高剑平. 论贝塔朗菲"机体论"的系统思想［J］. 广西民族大学学报（哲学社会科学版），2007：3.

[2]　丁东红. 卢曼和他的"社会系统理论"［J］. 世界哲学，2005（5）：34-38.

[3]　范如国. 复杂网络结构范型下的社会治理协同创新［J］. 中国社会科学，2014（4）：98-120，206.

会中，网络社会系统牵一发而动全身。① 对卢曼来说，社会系统必须不断生产要素才能维持自身运行，而这个要素就是传播。在信息的编码过程与解码过程中，传播充满不确定性，尤其在日益复杂的网络社会中，传播行为无时无刻不在发生，各个系统的不确定性不断激增，对我国媒体而言，传统的媒体传播系统已不能有效应对网络社会中的种种不确定性。

习近平总书记在 2017 年中央全面深化改革领导小组第三十六次会议上强调，注重系统性、整体性、协同性是全面深化改革的内在要求，也是推进改革的重要方法。其中，系统科学作为底层思维被反复强调。系统论的研究取向在于不仅要关注作为整体的各个部分之间独特的运作方式，还要将各部分之间的关系与协作模式同样作为重要因素加以考量，系统在内部的交互与协作中实现迭代和进化。在这一视角下，系统性的媒体融合实践，意味着我国在推进媒体融合的建设过程中，要不断厘清宏观、中观和微观系统及其内外部之间的关系，并梳理其背后隐含的技术进步、内容建设、管理创新等因素，从纵向的顶层设计与横向的发展逻辑维度，共同擘画我国媒体融合的生态系统。

就顶层设计而言，系统性的媒体融合要能够应对发生深刻变化的舆论生态、媒体格局、传播方式。传统媒体传播体系"条块分明"的结构特点已经无法适应目前移动互联网时代的节点化、去中心化的新情况，因此，系统性融合意味着要改造现有媒体结构，并进行全局化统筹。从中央广播电视总台的成立到县级融媒体中心的全面铺开，再到打

---

① 胡正荣. 技术、传播、价值从 5G 等技术到来看社会重构与价值重塑［J］. 人民论坛，2019（11）：30-31.

通国内国际舆论场、全面提升国际传播效能，充分发挥我国各级媒体的资源优势并进行结构化布局成为重要的发展课题。同时，系统性融合也要求媒体的角色定位不断调适和转变，从过去的信息内容提供者，向综合信息枢纽和区域服务平台转型，积极盘活利用本土资源，在地化程度不断加深，并在网络问政、数据治理、网格化管理等方面扮演着重要角色，不断凸显社会治理的实质内核。

从横向发展而言，系统性的媒体融合也是为了适应新兴媒体技术、媒体市场竞争的重大挑战。我国媒体融合逐步从增量市场转变为存量市场，智能多元、深度互动的融媒体产品持续涌现，强调动态竞争、多元协作、智能进化的系统性融合也与这一发展方向不谋而合。2014 年 8 月 18 日，习近平在中央全面深化改革领导小组第四次会议上发表的重要讲话指出："强化互联网思维，坚持传统媒体和新兴媒体优势互补、一体发展。"移动互联网的更新迭代助推新的媒体生态，不断涌现、蓬勃发展的新媒体技术为系统性的媒体融合提供新的想象空间，媒体的创新生产以及用户的关系连接被有效激活，媒体在政务、商务、服务领域的融合创新也形成了各具特色的内在机理与外在表征，系统性融合的指向也契合媒体融合在技术、内容、效果、模式上的发展趋势。

第三节　我国媒体融合系统的多层联结与演进方向

回顾我国的媒体融合历时性进程，从数字化转型到全媒体化拓展，再到立足互联网的全面转型以及当前的深度融合发展；从单一媒体的自主探索，到从顶层推进以及纵向贯穿的政策布局，可以看到一种系统性推进的框架。

因此，在媒体融合的实践过程中，必须用系统性的思维来考量融合策略的制定与调整，不仅要对媒体融合战略进行全局性谋划和整体性推进，还要厘清构成媒体融合系统的不同主体要素，以及他们各自的运转方式和作用机制。要考虑如何通过融合策略使生态中的各个部分获得良性运转的资源，以及政策的调整对整体生态的影响，保证各部分间系统性协作模式的有效性，真正产出媒体融合实效。

通过上述分析，本书认为，我国的媒体融合发展，势必要深刻把握"系统性联结"特征，通过开发拓展媒体功能，深度联结多元的社会成员和社会资源，不断厘清微观、中观、宏观的媒体融合系统及其内外部之间的关系，形成全新的媒体融合生态系统。

尤里·布朗芬布伦纳曾提出社会生态系统理论，该理论认为在社会成员与环境的交互作用过程中，个体行为不仅受自身社会关系网络的直接影响，而且也受到更大范围的、更广泛社会系统的间接影响。因此，要研究个体成员的发展就必须考察不同社会生态系统的特征。[1] 布朗芬布伦纳认为，社会系统是"一组嵌套结构，每一个嵌套在下一个中"，这意味着，社会成员处在从微观到宏观的几个社会系统的中间或嵌套于其中，包括微系统、中系统、外系统、大系统等多个层面，每一系统都与其他系统相互嵌套、交互作用。

由此出发，本书认为，我国系统性的媒体融合实践体现为"四度

---

[1] 刘杰，孟会敏. 关于布郎芬布伦纳发展心理学生态系统理论 [J]. 中国健康心理学杂志，2009，17（2）：250-252.

融合"的多层级演进逻辑，包含媒体运营系统、跨媒体融合系统、跨区域融合系统、对接国际的融媒生态系统四个层级。

首先，媒体机构是勾连起整个融合进程的基本单位。媒体的融合转型必须迈过以"向内融合"为主要特征的机构实践，形成有机的媒体运营系统。这意味着，媒体需要运用多种手段方法来维系与内外部利益相关者的关系联结，满足他们对媒体社会角色的多元期待，获得他们对媒体的认可与认同，探索具有独特优势的融合发展模式。

其次，在把握媒体运营系统这一初级系统的基础上，我们需要进一步探索跨媒体融合系统。跨媒体融合系统是指不同传播介质和结构属性的媒体，为了实现优势互补、资源整合、协同发展所采用的融合模式。跨媒体系统意味着有效协调不同媒体的资源，保证媒体间融合的制度化、常态化、规范化与持续化，积极适应深度融合环境，不断优化内部结构，集约发展提高资源整合力度。

再次，第三维度的融合是媒体的跨地域拓展，是隶属于不同地域的多家媒体通过跨区域联动建立融合系统，他们彼此进行合作与联结，并基于共同的目标和利益进行自我迭代，形成一种具备互动性、流动性和能动性的区域社会系统。这样，融合系统不仅服务于某一区域的一体化建设与协同化发展，也共生于全国的媒体融合生态。

最后，在上述三个融合系统的基础上，我国媒体融合的最终指向是打造一个对接国际的融媒生态系统。习近平总书记在中共中央政治局第三十次集体学习时指出，要理顺内宣外宣体制，打造具有国际影响力的媒体集群。中国的媒体融合不只具有鲜明的中国特色，更是社会转型和国家治理能力现代化的内生需要，以及中国对国际舆论斗争险峻形势的积极回应。在全球话语新空间中，我国面对的国际舆论环境充满了不确定因素，更加需要构建全媒体对外传播体系，以媒体融合推动国内国际两个舆论场协调发展。通过搭建系统、高效、灵活的国际传播平台，让我国的媒体融合系统有效衔接国际舆论场域，实现国际传播的突破与升维。

中　篇

02

战略创新：
全媒体体系构建的"四度融合"探索

第三章

内部战略转向：声誉管理视角下新型主流媒体的融合创新

自 2014 年中央提出推动媒体融合、建设新型主流媒体的顶层设计以来，我国传媒业展开了积极尝试，相关研究数量也逐渐攀升。如何建成形态多样、手段先进、具有竞争力的现代化传媒组织，成为学界和业界的关注重点。目前，多数学术研究都聚焦于政策解读、实践总结和经验介绍方面，尽管较好地回应了不断变动的现实情况，但却缺乏清晰的学理主线，需要进一步的学术解读和理论指引。

媒体融合建设是国家的政治任务，是未来宣传、服务和进行社会治理的主要工具与手段，因此必须要分清局部利益与整体利益，不能利用资源的二元配置、通过政治权力谋取经济利益。主流媒体的核心竞争力直接影响媒体的社会效益和经济效益，不具备这种能力或这种能力相对较弱的媒体，在竞争中就居于劣势，就会失去受众，经济效益和社会效益的实现也就无从谈起。

声誉管理理论处于经济学、管理学和传播学的交叉地带，它所推崇的创建和维护无形资产的理念，对现代组织研究产生了深刻影响。从声誉管理的角度来看，"任何一个组织要想取得成功，良好的声誉都是必不可少的"[1]。该理论强调的"主动塑造""价值吸附""优势积累""信任关系"等概念，与新型主流媒体的发展要求不谋而合。本部分尝试从声誉管理视角出发，分析主流媒体"四力"的时代内涵，并立足于声誉理念提出新型主流媒体的建构路径。

第一节　声誉管理：新型主流媒体融合转型的价值诠释

一、媒体声誉管理的内涵与特点

19 世纪 60 年代，"声誉"作为一个学术概念开始出现，多见于组织研究中。关于声誉的内涵，中外学者从不同维度进行过定义：白永秀和徐鸿指出，声誉是组织各方面行为的综合反映，它意味着组织作为一个行为主体，在采取行动之后给利益相关者留下的总体印象；[2] Manfred 将声誉分为理性认知和感性情感两个维度，既包括人们对组织成就和产品质量的客观评价，也包括人们对组织的主观情绪体验；[3] Imhof 和 Eisenegger 则对上述二维结构进行了革新，提出将道德规范维度纳入对组织声誉的定义中，认为这是介乎于的理性认知和感性情感之间的价值

---

① 戴维斯·扬，赖月珍. 创建和维护企业的良好声誉 [M]. 上海：上海人民出版社，1997：2.

② 白永秀，徐鸿. 论市场秩序和企业声誉 [J]. 福建论坛（人文社会科学版），2001 (6)：71-74.

③ SCHWAIGER, MANFRED. Components and Parameters of Corporate Reputation——an Empirical Study [J]. Schmalenbach Business Review (SBR), 2004.

理性，考察的是组织的道德合法性。①

值得指出的是，已有定义多聚焦于企业组织的研究中，关于媒体声誉的详细定义尚不多见。喻国明是较早关注媒体声誉的学者，他认为，媒体声誉是一个媒体获得社会公众信任和赞美的程度，通常由知名度、美誉度和信任度构成。② 高贵武则在企业声誉定义的基础上，将媒体声誉类定义为人们根据媒体行为对媒体进行的整体性评价，是媒体的一项无形资产。③

综合上述学者的阐释和界定，本研究认为媒体声誉是利益相关者们对媒体的过去行为和未来前景的综合感知，这种感知是理性认知、感性情感和道德认同相互作用的结果，声誉尽管不直接产生价值，但却深刻影响着媒体的社会效益和经济效益，是媒体的一项关键资源。

在明确声誉战略价值的基础上，学术界开始关注如何通过声誉管理获得良好评价、促进组织发展。通常来说，声誉管理是组织为了创建和维护自身声誉所做的一切活动和整个过程。对于媒体而言，声誉管理是决策者在制定长远发展目标的基础上，用多种手段方法来维系与内外部利益相关者的信任关系，满足他们对媒体社会角色的多元期待，获得他们对媒体的认可与认同。媒体声誉管理主要具备以下特征：

其一，媒体声誉管理具备全员性。媒体的所有者、决策层和从事内容生产、经营管理、技术服务的业务人员，都是创建和维护媒体声誉的

---

① EISENEGGER M, IMHOF K. The True, the Good and the Beautiful：Reputation Management in the Media Society [J]. Public relations research. 2008：125-146.

② 喻国明. 媒介的声誉管理：构建维度与舆论尺度 [J]. 新闻战线，2009（4）：69-70.

③ 高贵武. 新媒体环境下的主流媒体声誉管理刍议——基于利益相关者理论框架 [J]. 国际新闻界，2017，39（1）：142-156.

主体。

其二，媒体声誉管理具备主动性。声誉的形成不是对外界评价的被动接受，而是在能动性激发下的主动塑造过程，[①] 因此，声誉管理强调媒体通过主动"自律"来调节和改造自身的发展环境。

其三，媒体声誉管理具备长期性。通常而言，媒体可以在较短时间内通过记者言行、新闻报道、多媒体内容或公共服务活动等方式给公众留下短期印象，而媒体声誉则是各个利益相关者通过长期的互动和观察，形成的对媒体的综合感知，这种感知更加多元、持久，需要媒体持续的建设和维护。

可见，媒体声誉管理是一个长期的系统工程，将媒体建设上升为声誉管理层面，具备一定的合理性和必要性。

二、主流媒体声誉的价值："四力"的最终落脚点

新兴技术的迅速迭代引发了深刻的社会变革，改变着信息传播的手段和模式，推动着媒体融合向纵深发展。在全新的竞争格局中，各类媒体都在进行着业务创新与渠道拓展，我国的主流媒体也面临着全面转型。

在十九大报告中，习近平总书记强调，要高度重视传播手段建设和创新，提高新闻舆论的传播力、引导力、影响力、公信力。具备强大的"四力"，成为媒体融合时代新型主流媒体的发展方向和综合判断标准，声誉管理视角的转型，则重新诠释了"四力"的时代内涵。

---

① 周敏. 声誉管理视角下的互联网治理研究 [J]. 中国特色社会主义研究，2020（1）：70-74.

首先，传播力是达成媒体声誉的前提和基础。前已述及，声誉包含了利益相关者对组织硬实力的认知和软实力的感受，通常来说，传播力属于组织的软实力，而媒体作为一种特殊的组织，其传播力则兼具硬实力和软实力的双重属性。在声誉管理视角下，硬性传播力是主流媒体实质性的传播业务水平，包括传播的速度、质量、规模、立体化和精准度，是打造声誉资本的基础；软性传播力则是主流媒体优化组织形象、塑造品牌价值、沟通利益相关者的公关传播能力，是巩固声誉效应的手段。

其次，引导力是媒体声誉磁场效应的发挥。Fombrun 和 Van Riel 曾指出，声誉像磁铁一样对组织的利益相关者产生吸附效应，让具备相同理念的人们聚集和联合，促进彼此的价值增值。① 组织声誉建构的第一步，是识别和定位自身的愿景、使命和价值观，这些要素越是符合利益相关者的利益和取向，越能让组织赢得青睐。声誉管理为视角的转型，会带动主流媒体将内部价值观塑造作为出发点，只有媒体内部自上而下能主动坚守"最大公约数"的主流价值观、秉承社会效益优先的原则，才能对外发挥自身的感召力和引导力，做到成风化人、凝心聚力。

再次，影响力是媒体声誉积累优势的反映。声誉资本的动态积累，可以让组织在产品服务市场和思想观念市场获取战略性的竞争优势。② 媒体市场具备"精神消费"和"信息消费"的非物质性，因此媒体的

---

① FOMBRUN C J, VAN RIEL C B M. Fame and Fortune：How Successful Companies Build Winning Reputations [J]. New Jersey：FT Prentice Hall，2004.

② MAHON J F, WARTICK S L. Dealing with Stakeholders：How Reputation，Credibility and Framing Influence the Game [J]. Corporate Reputation Review，2003，6（1）：19-35.

竞争优势更多体现为思想观念市场中的影响力和话语权。新媒体的发展使大众传播权力不断去中心化，传统主流媒体面临着话语权被稀释的风险，以声誉管理为切入视角进行主流媒体建设，更符合市场化的运作规律，有助于主流媒体适应新的竞争格局，重塑自身的话语影响力。

最后，公信力是媒体声誉良性循环的保障。吉登斯曾指出，现代社会关系不再有明晰的时空边界，而是从时间和空间的绑定中"脱离出来"，这样的脱域机制加速着社会交往，同时也让信任变得至关重要。① 尤其，互联网技术的发展进一步加剧着信任体系的不确定性和不稳定性，这更加需要新型主流媒体具备公信力，能在脱离时空的情况下得到公众的集体信任。声誉管理的过程就是信任关系的维护过程，声誉主体需要随时保持可靠性，不断维护在利益相关者心中的印象，从而获得他们的信任和支持。② 声誉管理视角的切入，能够促使主流媒体履行职业承诺，为脱域化的个体提供专业权威的信息服务，进而促进受众信赖感和忠诚度的建立，最终形成声誉的良性循环。

总之，在日益复杂的产业环境和舆论生态中，声誉管理作为一种现代化的管理手段，更加适用于新型主流媒体的建设过程，从这一视角出发，声誉也便成为"四力"的综合表现和最终落脚点。

---

① 安东尼·吉登斯. 现代性的后果 [M]. 田禾，译. 北京：译林出版社，2011：16-18.
② 彼得·什托姆普卡. 信任：一种社会学理论 [M]. 程胜利，译. 北京：中华书局，2005：98-102.

第二节 优势积累：新型主流媒体声誉建构的三大路径

声誉管理强调媒体通过主动操作，实现内生因素和外部环境的有机统一，从而为自身谋得更持久稳定的发展前景，这样的底层逻辑，与哈贝马斯的交往性世界观深刻呼应。

哈贝马斯（Habermas，1984）认为，人们在一个三重世界的关联网络里进行交往，主观世界是人的内心经验世界，客观世界是实际存在的物质世界，社会世界则是受规范调整的人与人之间的互动关系世界。① 学者 Imhof 和 Eisenegger 将这一哲学思考引入到声誉研究中，指出组织的声誉管理同样需要依循三重世界的逻辑，并提出了三维声誉理论：主观世界的声誉管理是指对组织身份的识别和定位，客观世界的声誉管理是指对组织客观能力的建构和证明，而社会世界的声誉管理则是组织对道德规范的维护和遵守。② 根生于哲学思考的三维声誉理论，具备彻底性和普遍有效性，适用于现代社会主体，包括任何类型的机构和组织。③ 据此理论，身份定位、能力发展和道德规范建设是声誉管理的重要维度，本研究将从这三个维度出发探讨新型主流媒体的建设路径。

① 刘志丹. 哈贝马斯生活世界理论的特征与来源——基于哈氏研究的一个误区 ［J］. 中南大学学报（社会科学版），2014（3）：149-153.
② EISENEGGER M，IMHOF K. The true，the good and the beautiful：Reputation management in the media society ［J］. Public relations research，2008：125-146.
③ KLEWES J，WRESCHNIOK R. Reputation Capital ［M］. Berlin：Springer Berlin Heidelberg，2009：13-21.

一、以社会发展为目标，建设多元身份结构

身份关乎组织在主观世界中的自我认知，是组织自身核心的、独特的和持久的特征，决定了组织的愿景、使命和价值观。明晰的身份定位是建构组织声誉的内部基础，也是组织一切行动与表达的逻辑根源，只有全部组织成员都明确"我们是谁"的时候，才能知道应该如何进行战略决策，并选择合理的沟通方式来维护与利益相关者的关系。

我国主流媒体的身份定位是由我国的政治结构、社会制度和经济发展状况决定的。在新中国成立初期，行政力量是媒体资源的主要支配方，主流媒体的身份更多聚焦于喉舌属性和宣传本位。改革开放后，市场力量介入传媒业，我国主流媒体开始实行"事业性质，企业管理"，其政治属性和产业属性的双重身份特征开始凸显。[①]

随着市场经济的不断发展和我国政府管理模式的改变，社会的主体性、开放性日益增强，尤其互联网技术的赋权激发了不同利益群体的表达诉求，一个利益多元、表达多元的多元社会开始出现，这也对主流媒体的身份定位提出了新要求，学者们屡屡将"公共性"视作新型主流媒体应当具备的第三重身份特征。[②] 公共性意味着媒体需要作为社会公器服务于公共利益，为公众提供开放的平台，并保证自身运作的客观公正。[③] 事实上，主流媒体公共性身份角色的崛起，也呼应了我国多元共治的社会治理新格局，作为社会治理的重要力量，新型主流媒体必须对

① 李良荣，沈莉. 试论当前我国新闻事业的双重性 [J]. 新闻大学，1995（2）：6-8.
② 朱春阳，刘心怡，杨海. 如何塑造媒体融合时代的新型主流媒体与现代传播体系？[J]. 新闻大学，2014（6）：9-15.
③ 潘忠党：传媒的公共性与中国传媒改革的再起步 [J]. 传播与社会学刊，2008（6）.

公共利益进行均衡考虑，成为各个利益群体社会参与、舆论监督和沟通交流的平台。李良荣曾指出"传媒改革的最终目标是走向公共性"①。

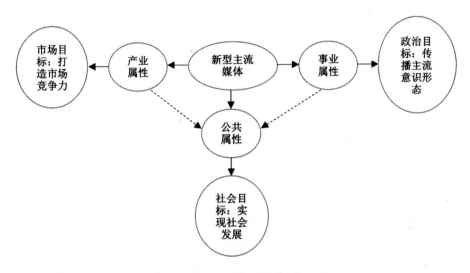

图3.1 新型主流媒体的多元身份结构

本研究认为，新型主流媒体声誉管理的起点，是建设以社会发展为目标的多元身份结构，唯有如此才能明确自身在新时代的目标和使命。主流媒体需要平衡事业属性、产业属性和公共属性的关系，既重视通过融合发展壮大主流意识形态的传播阵地，也强调在全媒体竞争中扩充优势、提升盈利，政治目标和市场目标二者之间的张力，则需要公共性来进行约束。无论政治目标还是市场目标，其根本归属都应当在于推动我国社会的发展，即通过对公共利益的维护、对公平正义的坚守、对舆论诉求的回应，努力在各利益群体之间建立最大公约数的共识，实现共享发展。这样的身份结构，不仅需要相应的体制建设和顶层设计，也需要

---

① 李良荣，张华. 参与社会治理：传媒公共性的实践逻辑 [J]. 现代传播，2014，36（4）：31-34.

在媒体内部进行理念传播和文化宣传，当管理、采编和经营岗位的媒体成员都能认可主流媒体的价值理念时，他们也便会感受到相应的意义赋予，并将其延续到具体的传播活动中。

二、多重能力嵌入，提升现代传播水平

明晰的身份定位是创建声誉的第一步，突出的胜任能力则是发展声誉的根本物质保障。声誉管理中的能力维度，指组织在客观世界中获得竞争优势的要素之和，它关注的是组织是否具备专业的、系统的、高水平的能力发展体系。

通常而言，社会组织需要具备实现自身目标的能力、资源开发与利用的能力、与内外部环境互动的能力以及自我不断发展的能力。① 在此基础上，本研究认为新型主流媒体要从专业力、支撑力、互动力和发展力四个维度出发，来进行多重能力的嵌入。

第一，触达联结能力，是触及用户并与其建立关系的专业力。丹尼斯·麦奎尔曾指出："媒介从来都不只是一种传递特定信息符号或交往关系中联系参与主体的应用工具，在某种程度上，它带来的是一套与新技术特质互动的社会关系。"② 新媒体的发展，重塑着新的传播结构和传受关系，受众对于信息服务的自主选择权大大增强，使得传统媒体不再是唯一渠道来源。主流媒体要想在注意力稀缺的时代积累受众、留住受众、影响受众，首先需要能够触达受众，这也是主流媒体打造传播力的核心要求。

---

① 陈岩. 环保组织能力建设的机遇、困境和路径探析［J］. 行政科学论坛，2016（2）：40-44.
② 丹尼斯·麦奎尔. 麦奎尔大众传播理论［M］. 北京：清华大学出版社，2010：110.

图 3.2 新型主流媒体的能力发展体系

对此，多数主流媒体选择了"借船出海"，通过入驻大型新媒体平台来进行信息分发和服务提供，与用户建立信任关系。截至 2019 年 5 月，全国党报在聚合新闻客户端和微信平台的入驻率均超过 80%，微博入驻率为 73.5%，半数党报开通了抖音号，① 可见，在用户聚集的地方搭建信息入口已成为主流媒体的常规动作。而下一步，主流媒体需要在积累信任资本的基础上"借力造船"，打造自主可控的综合平台和垂直平台，以整合自身的生态资源，进行用户引流和忠诚度的培养，近两年遍地开花的"地方云"便是各地自建用户平台的尝试。

需要指出的是，发展触达联结能力的前提，是对自身的目标受众和服务范围有着清晰定位，当今部分地方云平台的建设，是在国家政策带动下的随波之举，无法真正匹配用户需求，既在一定程度上造成资源浪费，也背离了声誉塑造的主观能动性本质。

第二，造血盈利能力，是通过资源开发而实现自主经营的支撑力。

---

① 一图读懂《2019 全国党报融合传播指数报告》［EB/OL］. 人民网，2019-07-30.

市场经济也是竞争经济，新型主流媒体的地位只有通过市场的长期检验才能真正兑现，这需要具备强大的造血机能。当前，一些主流媒体的发展仍然依靠各级政府的财政支持，没有形成持久的市场竞争优势，它们亟待开发造血盈利能力，在产业价值链中寻找增值点。

在内容增值方面，主流媒体可以立足于自身的专业优势，以深度权威的新闻信息来吸引受众，在建立稳定供需关系的基础上，建构内容付费、知识付费系统。在服务增值方面，主流媒体可以尝试面向本地用户，提供电商零售、医疗健康、交通出行等定制化民生服务，或结合自身的行业资源和地域资源，为第三方客户提供数据舆情、媒体智库、品牌咨询等定制化商业服务。在用户增值方面，主流媒体要打破"出版即结束，播出即结束"的媒体中心论思维，延伸受众互动链，运用公关技巧和营销手段来培养用户粘性、打造粉丝社群，并可以尝试针对社群进行相应的广告投放和营销活动。总体而言，主流媒体的造血能力建设需要立足自身特色、深耕在地资源，在细分的蓝海市场中建立影响力优势，不断积累差异化的声誉资本。①

第三，双向沟通能力，是与公众进行信息交流和理性对话的互动力。在新媒体语境下，媒体的议程设置功能逐渐走向网络议程设置阶段，即媒体与受众之间是相互渗透和影响的关系，媒体在与受众的不断互动中形塑着他们的认知网络。② 可见，新型主流媒体要想做到舆论引导和思想引领，必须从单向信息投放转向双向的沟通对话。

---

① 曾祥敏，杨丽萍. 论媒体融合纵深发展"合"的本质与"分"的策略——差异化竞争、专业化生产、分众化传播 [J]. 现代出版，2020 (4)：32-40.
② 史安斌，王沛楠. 议程设置理论与研究50年：溯源·演进·前景 [J]. 新闻与传播研究，2017, 24 (10)：13-28，127.

首先，充分表达是有效对话的前提，主流媒体应当为公众提供民生议题的讨论空间，从而了解他们对公共事务的看法和态度，掌握民意的焦点和动向。其次，对于社会关切的议题，主流媒要通过"第一波求快、第二波求全、第三波求深"的方式跟进报道，通过建设性监督，为上级的公共决策服务。再次，为了保障对话效果，主流媒体应当丰富修辞表达方式，并探索公共决策的创新扩散路径，让舆论引导接地气、有共情。最后，双向沟通能力是主流媒体建立多元信任关系的基础，只有保障民众、政府、专家和社会组织等多方主体的公开对话，主流媒体才能夯实自身公信力，从而建构更富韧性的声誉。

第四，更新迭代能力，是通过不断进化和自我革命来融入外部环境的发展力。面对持续变革的媒体生态，主流媒体亟待在自我调适中进行突破。

技术创新是更新迭代能力的首要驱动，当前，技术深刻影响着媒体信息的生产和传播，并催生着新的产品形态和产业模式。主流媒体需要因势而谋，主动进行战略布局：抓住 5G 通信升级的窗口期，优先进行移动融媒体端的建设；引入人工智能技术，开发智能化的信息服务模式；借助大数据技术进行用户画像和行为分析，实现个性化信息的精准传播和精确反馈。

管理变革是更新迭代能力的机制保障，随着媒体融合的纵深推进，主流媒体要处理的资源种类和内外关系更加复杂，必须优化管理模式，才能保障组织的高效运行。媒体融合理想状态，是正确处理好所有权融合、策略性融合、结构性融合、信息采集融合和叙事表达融合，并将不同的融合方式应用到媒体运行的全流程中。① 对此，主流媒体亟待探索相应的组织设置机制、内容共享机制、资源配置机制和新型人才培养机制。

依据媒介生态学理论，媒体是一个嵌入在宏观生态中的子系统，需要不断调整其生态位，才能在资源竞争中实现进化，从而在大的社会生态网络中稳定生存。② 因此，主流媒体唯有加速创新重构，才能在动态发展的媒体生态中成为优势种群。发展力既是专业力、支撑力、互动力的核心指向，也与通过自我调节而适应外部环境的声誉管理理念不谋而合。

三、拓宽责任边界，促进道德双向认同

声誉管理中的道德规范维度，是指组织如何在充满规范制约和道德标准的社会世界中证明自己。对于新型主流媒体而言，道德规范维度的声誉管理，关系到其如何在新形势下履行责任义务，并通过与受众的不断交互达成道德共识。

一方面，融合创新的战略转型推动主流媒体道德规范的内涵和外延发生变化。身份决定责任，前文提到，新型主流媒体正向具备公共性的信息服务平台转变，这意味着主流媒体所遵守的法律规范、承担的责任使命也随之拓展。

从法律规范来看，新型主流媒体除了遵守新闻纪律外，还要掌握互联网背景下的信息服务、内容监管、版权著作、隐私保护等相关法规，

---

① KAWAMOTO K S. Digital Journalism： emerging media and the changing horizons of journalism [M]. Oxford：Rowman & Littlefield，2003：57-73.

② 邵培仁. 传播生态规律与媒介生存策略 [J]. 新闻界，2001（5）：26-27，29.

对平台内容和平台管理负责。此外，新型主流媒体的人员队伍构成也在转型升级，他们在业务实践的过程中，亟待适应新兴媒体的传播规律，并落实媒体融合时代的职业规范，提升眼力、脚力、笔力、脑力。

从责任使命来看，习近平总书记将新形势下宣传思想工作的使命任务概括为"举旗帜、聚民心、育新人、兴文化、展形象"五个方面，丰富了媒体责任的内涵，更加强调使命感、群众性和导向性。① 在新媒体语境下，社会价值观念更加多元混杂，主流媒体必须高举旗帜，将导向原则整合到声誉管理战略中，才能担负起凝聚群众共识、维护意识形态安全的责任。

另一方面，信息传播模式和社会舆论环境的变革，促使主流媒体履行道德规范的方式发生改变。随着媒介形态的革新，信息生产和扩散的权力逐渐下沉到普通个体，受众的主体性和主导权不断增强，因此主流媒体对于道德规范的履行必须重视受众的态度和体验。

作为社会治理的重要一员，主流媒体需要不断创新履责形式，从记录者、守望者，变为行动者、组织者。通过发起社会行动，主流媒体可以召唤多元主体的责任意愿并为他们提供付诸实践的渠道，例如中央广播电视总台推出的《走村直播看脱贫》节目，让观众可以跟随制播大篷车看到脱贫攻坚的实时情况，并能通过新媒体端口进行扶贫产品消费，带动脱贫攻坚的责任共担。

作为价值观的引导力量，主流媒体也亟待从单向度的"独白"和"教化"，转向与受众的"对话"和"交互"。通过策划新媒体互动产

---

① 谢新洲，柏小林. 完善媒体社会责任评价，强化主流媒体责任担当［J］. 新闻战线，2018（17）：39-42.

品，主流媒体可以用更加平等生动的叙事方式向用户分享新闻，并让用户参与新闻内容的创作和传播，二者彼此趋近，达到道德意向的双向互认。① 例如人民日报推出的《快看呐！这是我的军装照》《点击！你将随机和一位陌生人视频通话》，便让用户在参与式传播中与主流媒体共同完成了道德建构。

总之，主流媒体的道德规范建设，关乎自身的程序正当性和道德合法性，是有效发挥引导力的前提，也是提升媒体声誉的必由之路。在融合转型的过程中，唯有适应不断变动的社会现实和规范标准，主流媒体才能做到持中守正，呼唤价值理性；也唯有积极改革内容产品的模式、样态和语体，主流媒体才能更好地传递道德观念，巩固价值认同。

小　结

回顾声誉管理视角下的新型主流媒体建设路径，可以看到：身份定位是前提，主流媒体需要树立引领导向、共享发展的目标使命，为自身的行动与表达提供共同出发点；能力发展是保障，主流媒体亟待建设高水平的综合能力体系，更好地发挥传播功能、保持领先优势；遵守和维护道德规范是关键，主流媒体应当明确新形势下履职尽责的内涵与边界，应势而动，有效凝聚道德共识。

需要指出的是，三个要素之间并非彼此区隔，而是相互促进、相辅相成：明晰的身份定位可以更好地指导主流媒体的能力发展和道德规范建设，公众对媒体道德规范的感知又有助于形成对主流媒体身份的认

---

① 常媛媛，曾庆香. 新型主流媒 体新闻身份建构：主体间性与道德共识［J］. 西南民族大学学报（人文社科版），2020，41（3）：142-150.

同，而卓越的媒体能力则是一切行为的物质保障和技术基础。

总而言之，在竞争不断加剧的新传播环境中，声誉管理视角的转型，可以让主流媒体达到吸引力、有效性和合法性的多赢，这也为新型主流媒体建设提供了新的方案。主流媒体有必要将声誉管理思维纳入到战略规划和战术实施中，从而提升传播效能，积累信任资本，发挥持久的引导作用。

第四章

跨界战略实施：跨媒体融合的改革重构与发展态势

　　2020 年 9 月，国务院、中央办公厅下发《关于加快推进媒体深度融合发展的意见》，提出要"推动传统媒体和新兴媒体在体制机制、政策措施、流程管理、人才技术等方面加快融合步伐"，这是党中央为跨越体制机制障碍提供的重要政策支持。从六年前的"推动"变为"加快推进"，从"融合发展"到"深度融合发展"，中国的媒体融合进程在国家战略层面实现了新的跨越。2020 年 10 月 29 日，党的十九届五中全会通过的《中共中央关于制定国民经济和社会发展第十四个五年规划和二〇三五年远景目标的建议》中又明确提出"推进媒体深度融合，实施全媒体传播工程，做强新型主流媒体，建强用好县级融媒体中心"。从"十三五"到"十四五"，中国的媒体融合政策具有延续性和连贯性，从指导到深入，再到未来规划，制度创新成为近年来媒体融合发展中的重要特征。

　　在中央政策的影响下，传媒领域各行业也开始加强顶层设计，从行业发展的角度衔接国家政策布局。在国家的政策安排和行动指南下，我国媒体需要进一步确立战略方向、厘清属性结构、定义功能要素、明确角色任务，构建属性清晰、系统合理、运行得当的体制机制，不断进行跨界融合的持续探索。

第一节 探索的轨迹：我国媒体跨界融合的多元化实践

体制关乎媒体属性，机制则关乎媒体的组织设置、业务流程及管理体系，在我国，传统媒体长期形成的体制机制惯性是其向新媒体转型过程中的结构性障碍。部分传统媒体在推进媒体融合的过程中，已经启动了机制体制改革，并逐步引入企业化运营模式，但仍然有相当多的传统媒体举步维艰。传统媒体和新兴媒体的关系是迭代和优势互补，所以必须深化机制体制改革，打通体系内部各类媒体的形态，通过"流程优化、平台再造"的工序，坚持"纵深发展"和"一体发展"。因此，传统媒体的改革必须对组织架构进行重新设计，在用人制度、分配制度、管理制度和经营服务体系方面都要进行改革。通过以"新技术、新机制、新模式"为抓手来激发内部活力，传统媒体必须重新规划二级机构、融合渠道平台、再造内容品牌，平稳、有序地推动改革进行，实现习近平总书记要求的"实现信息内容、技术应用、平台终端、管理手段共融互通，催化融合质变"。

近年来，笔者与课题团队对中央到地方的各级媒体进行了重点研究，走访了多家主流媒体的指挥调度平台、内容生产平台、数据技术后台，与媒体的高层管理者、中层干部以及一线运行人员进行深度访谈，积累了大量一手资料。在此基础上，本研究梳理了我国主流媒体跨界融合的现状进展，探究了其面临的难点困局，并对其未来的发展趋势进行前瞻性分析。

一、深化调整合并，推动集约发展

从 2014 年至今，国家关于媒体融合的规划布局逐步推进，尤其对体制机制改革提出了指导意见。在此基础上，我国主流媒体不断进行组织调整，通过集约发展提高资源整合力度。

"广电+报业"成为我国媒体跨界融合的主流模式，全国各地相继挂牌了一系列地市级融媒体中心（见表 4.1）。无论是张家口、湖州等市成立新闻传媒中心，还是芜湖、珠海等市组建传媒集团，均是在探索打通广电和报业之间的体系壁垒，进而重构地市传媒生态。此外，我国还出现了"广电+广电""报业+报业"的媒体重组样态，陕西广播电视台和陕西广播电视集团合并组建陕西广电融媒体集团，福建省广播影视集团旗下的东南卫视和海峡卫视合并为卫视中心，广东《时代周报》与广东《新周刊》杂志合并组建广东时代传媒集团。通过调整组织战略、梳理事业方向、优化媒体产能，广电媒体在尝试构建适应深度融合环境的传播体系。

表 4.1 2018 年以来我国部分地市"广电+报业"融合概况表

时间	地市	媒体融合情况
2018 年 8 月	辽宁省大连市	大连广播电视台、大连报业集团等 11 家单位整合为大连新闻传媒集团

时间	地市	媒体融合情况
2018 年 9 月	安徽省芜湖市	芜湖广播电视台、芜湖日报组建芜湖传媒集团
2019 年 4 月	广东省珠海市	珠海广电集团、珠海报业集团组建珠海传媒集团
2019 年 8 月	浙江省绍兴市	绍兴广播电视传媒集团、绍兴报业传媒集团组建绍兴市新闻传媒中心
2019 年 9 月	河北省张家口市	张家口广播电视台、张家口日报社组建张家口市新闻中心
2019 年 12 月	浙江省湖州市	湖州广播电视传媒集团、湖州日报社组建湖州市新闻传媒中心
2020 年 5 月	广东省汕头市	汕头市广播电视台、汕头经济特区报社组建汕头融媒体集团
2020 年 11 月	四川省资阳市	资阳广播电视台、资阳日报社组建资阳新闻传媒中心
2021 年 10 月	吉林省白山市	白山广播电视台、白山日报社组建白山市新闻传媒中心

深度融合中，媒体边界逐渐模糊，产业形态更加多元，跨界融合成为常态。不同媒介形态之间的跨介质融合、不同媒体组织间的跨机构融合、不同产业形态间跨产业融合，都属于媒体跨界融合的主要模式。

一方面，我国媒体呈现出体制机制创新下的跨平台合作。近年来，传统媒体与商业平台呈现出合作、共建、共享的趋势。北京广电与京东合作利用数字化优势开展视听直播生态产业，浙江、云南、黑龙江等广电机构均与字节跳动合作成立新媒体产业孵化园，湖南广电与百度地图共同打造 5G 智慧电台，四川广电与百度以"四川观察"为依托开展合作。在跨平台合作中，布局 MCN 机构成为媒体市场化运营的尝试，山西广电与字节跳动合作成立广电 MCN 机构，江苏广电与快手合作推进 MCN 建设，广东网络广播电视台与科技公司共建广东广电 MCN，内蒙古网信办支持成立"爱上内蒙古"正能量网红孵化基地。媒体的内容资源、平台的技术和资本优势、网红经济的带动效应实现了三方互补，有利于传统媒体输出优质内容、创新变现能力，实现媒体融合的运营模式创新。

另一方面，县级融媒体也在迭代升级中尝试"媒体+"提高自身造血能力。例如，浙江安吉新闻集团以"新闻+应用"为主要方向，开发多元化的热门应用"爱安吉"APP，通过公共服务和产业经营，总收入突破 2.6 亿元。"媒体+"模式通过聚合资源、延伸产业链条，形成多元盈利。

二、变革组织架构，创新运营模式

在推进深度融合发展的进程中，广电媒体也在不断对组织架构进行调整，对内鼓励内部创业、对外升级经营体系，从而重新盘点规划媒体的存量资源，做大做强多元业务。

打造 MCN 机构成为我国媒体创新运营模式的有益探索。MCN（Multi-Channel Network）是一种多频道网络的产品形态，指的是公司或组织将专业生产内容联合起来，并寻找推广平台进行变现。随着我国视频直播行业的成熟和网红生态系统的发展，我国媒体逐渐转向 MCN 领域，以更好地解决"体制内市场化"的问题。

我国媒体在 MCN 领域的探索主要有三种形式。一是依托自身资源创办独立的 MCN 机构，打造人才培训、IP 孵化、内容运营的一站式整合营销分发体系，布局短视频、广告营销、电商直播、账号运营等领域。二是与商业平台合作建设有媒体背景的 MCN 机构，例如，山西广电与字节跳动合作成立 MCN 机构；巴彦淖尔日报社快手 MCN 机构在新闻大厦正式揭牌，这也是全国首家党报社快手媒体 MCN 机构；2021 年 4 月 28 日，河南日报报业集团与河南省律师协会战略合作签约仪式暨"律媒团"正式上线；2021 年 4 月 29 日，"新黄河 MCN"以客户端为出口，以 MCN 模式为机制，改变以往单一的"广电 MCN"为主流的形态。三是借鉴 MCN 模式组建融媒体工作室，在媒体内部组成小、精、全的创意团队，孵化更加自主灵活的垂直类新媒体品牌 IP，以内部创业的形式实现工作室与广电的双向盈利。

作为一种相对开放灵活的新业态，主流媒体的 MCN 不仅停留在内容逻辑的转变，也在探索相配套的组织架构、人事制度、薪酬改革。例如，湖南娱乐频道按照 MCN 模式重构了频道体系，打破职别、职务、待遇捆绑模式，让部门、团队和工作室可以重组结合，并通过设立达人运营中心、市场运营中心、直播运营中心来推动生产经营一体化。浙江广电 MCN 依托民生休闲频道下属的文化公司开展运营，频道与公司实行"一个目标，两套体制"，既从频道里挑选具备内容创作能力的员工，又对外广泛招聘市场化人才，以更大的体量、更灵活的机制投入互联网竞争。此外，各个广电媒体在内部成立融媒体工作室的过程中，也探索出了孵化培育机制、容错试错机制、反馈激励机制、推优推星机制等，实现组织架构扁平化、工作高效化，形成从培育到推广的完整闭环。①

此外，我国媒体也在进一步开拓产业经营思路，优化整体的战略布局。在中央级媒体层面，中央广播电视总台在 2019 年 7 月成立总台总经理室，统筹广告经营、产业战略投资及版权运营等业务；2020 年 12 月，总台成立央拓国际融合传播集团有限公司，拓展移动互联网时代的营销业务；2021 年 7 月，央拓国际融合传播集团上线了象舞广告营销平台，整合总台旗下的各平台资源，为用户提供一站式智能营销服务；2021 年 9 月，总台在上海成立了央视融媒体产业投资基金，是我国首个以媒体融合为主题的国家级产业投资基金。在省级媒体层面，江苏卫视将广告部升级为营销中心，针对用户进行精准传播和精准营销；湖南卫视将广告部升级为商业运营中心，并进一步整合天娱广告，开启双屏资源的全域商业化运作。以总台为首的广电媒体，尝试通过调整组织架构、升级经营职能，突破以广告资源售卖为主的收入结构，重新盘点规划媒体的存量资源，发挥资本市场的积极作用，以做大做强多元业务。

三、推进平台建设，整合多元资源

随着平台化成为信息社会的发展趋势，从单一属性的媒体向全媒体传播的综合服务平台转型逐渐成为我国媒体的发展方向。平台建设关系到主流媒体的流程再造、服务拓展和资源聚合是机制创新的重要突破口，当前，我国媒体的平台化转型包括打造社交型平台和区域型平台两

---

① 程景，周洋. 以机制创新牵引广电融合深度发展 [J]. 视听界，2020 (4)：81-82，86.

种路径。

社交型平台即通过自主可控的平台建设为用户提供内容生产与社交互动的渠道，中央广播电视总台的"央视频"是主流媒体社交型平台建设的代表。在内容生产机制方面，"央视频"推出了账号森林体系，官方的 OGC 账号、社会创作力量的 PGC 账号和用户个人的 UGC 账号都能为平台提供内容；在用户运营机制方面，"央视频"开发了基于趣缘的社群运营方式，引导用户在不同圈子中彼此连接、凝聚关系。依靠中央级主流媒体的政策优势、版权资源和先进技术，将社交属性与视频内容结合，更符合互联网平台的用户思维和社交逻辑。可见，在社交互动属性的加持下，主流媒体可以探索更具网感的生产运营机制。

区域型平台即以满足区域用户的多元化需求为目标，把媒体功能从信息传播扩展到政务、服务和商务等领域，当前大多数省级云平台和地市级融媒体平台都以此为目标。省级层面，多个省份在探索"省带县"的对接模式，由省级云平台为县级媒体融合发展提供技术和运营支持①，省级媒体担负起全省的平台建设任务，搭建与县级融媒体中心的共用平台，实现一省范围内的数据连通、整合传播、社会治理和公共服务体系建设。地市级层面，地市级融媒体平台通过与政府部门保持合作，在信息公开、民生事项、城市形象等方面发挥着作用。这样的机制创新也成为主流媒体打造治国理政新平台的重要路径。

---

① 余红，雷莲，段楠楠. 省级云平台路径下县级融媒体中心建设的难易点分析——基于 X 省县级融媒体中心传播力的考察［J］. 中国编辑，2020（9）：79-85.

第二节　现实的困境：我国媒体跨界融合的待解难题

随我国媒体跨界融合的持续推进，尽管取得了一些实质性进展，但也在观念思维、资源整合、造血盈利、人员结构等方面存在着不可回避的问题，制约着媒体深度融合中新型主流媒体的建设步伐。

一、发展定位有待细化，同质竞争引发浪费

在中央级媒体层面，以新华社、人民日报、中央广播电视总台为旗舰的三大央媒，凭借其突出的内容优势、技术平台和资金支持，已成为深度融合的发展方向，但其发展模式很难成为其他媒体直接效仿的模板，协同带动作用发挥依然不明显，省、市、县级媒体在融合进程中依旧面临着由于发展定位不明晰而带来的资源浪费和重复建设问题。

在省级媒体层面，随着省级媒体纷纷布局云平台建设，多个省份出现了"一省两云"甚至"一省多云"的局面，省级广电集团和报业集团各自打造融媒体技术云平台，均聚焦于本省市场。这样的情况导致一些省份出现了平台同质化的问题，并引发了不必要的竞争内耗，一定程度上有悖于差异发展的融合要求。

在地市级层面，尽管一些地市花费了较大财力精力支持广电与报业进行合并重组，但重组后的媒体机构没有突破旧有的体制机制惯性，许多部门在生产经营过程中仍然各自为政，没有实现真正的业务融合与流程再造。这种"两张皮"的状况有悖于媒体融合"融为一体、合而为

一"的发展要求，造成了资源的浪费。一些地市级媒体和县级媒体尽管搭建了媒体融合的新机构、新平台，但由于自身的政务、服务、商务资源十分有限，多地方在"等米下锅"，除了基本的地方新闻外无法为用户提供信息增量和多元服务，因此需要党委和行政手段来调动市县范围内的各类资源，来为媒体导流。

此外，一些地区还出现了地市级媒体和县级媒体同城竞争的现象。由于地市级媒体和县级媒体处于相邻区域，双方在新闻资源、广告市场、目标用户、功能服务等方面重合度较高，导致数家媒体要同城竞争有限资源，甚至会出现恶性竞争行为。[①] 尤其，县级融媒体中心受到国家政策的宏观支持，可以跨过地市级媒体与省级乃至中央媒体对接，这进一步瓦解了地市级媒体的影响力，使同一地区多家媒体之间的竞争更加激烈。

二、"一把手工程"有所推进，思维理念仍偏滞后

媒体融合是"一把手工程"，离不开当地党政一把手和媒体负责人这"两个一把手"的强力推动。一方面，各地的党政一把手必须要有足够的政治智慧和媒介素养，站在国家治理体系和治理能力现代化的高度来看待媒体融合，有魄力从体制层面推进当地的媒体融合；另一方面，媒体负责人既要对媒体行业的演进态势具有前瞻性的认识，又要遵循新闻传播规律和新兴媒体发展规律，从构建全媒体传播体系着眼，主动破除各种障碍。但在现实情况中，尤其对于地市级和区县级媒体来

---

① 黄楚新，邵赛男，朱常华.我国地市级媒体融合的现状、问题及应对策略［J］.传媒，2020（24）：66-69.

说，这样的一把手依然是凤毛麟角。

（一）缺乏规划指引，转型工作难以落地

在地市级层面，一些地市的领导班子和广电媒体负责人虽然具有媒体融合意识，但在具体实践中却表现出了一定程度的茫然。首先，就改革资源而言，地市级媒体不具备省级媒体的改革能力，又不像县级媒体是政策聚焦的重点，这让地市级媒体在政策引导和支持上处于"空心"地带，融合工作发展迟缓。其次，就内部条件而言，地市级广电媒体自身体量较大，媒体单位结构和管理部门结构复杂，在融合过程中需要处理多重维度的利益关系，这增加了一把手的工作范围和难度。最后，就改革路径而言，由于地区和地域差异，我国地市级媒体的融合渠道和融合样态千差万别，一把手们在"经验学习"和"自辟路径"之间会有所纠结。

在区县级层面，尽管有中央指令下的政策倾斜和资金支持，但一些区县的党政一把手没有充分重视区县级融媒体中心在基层治理体系中的重要作用，仅仅将其视作新闻宣传的媒体。[①] 这种情况的形成，一方面是由于地方一把手多把注意力放在经济建设、乡村发展等领域，对媒体融合的重大意义缺乏充足理解；另一方面是由于我国区县级融媒体大多是公益一类属性，主要靠财政补贴来生存，在服务功能拓展方面缺乏动力机制。更进一步来看，如果地方党政一把手对区县融媒体中心建设的重视程度不够，会导致优秀人才不愿意到县级融媒体中心任职履责，进而又会影响媒体一把手的职责发挥。

---

① 郭全中 . 县级融媒体中心建设的进展、难点与对策［J］. 新闻爱好者，2019（7）：14-19.

遇到困难没有政策兜底、媒体内部存在复杂关系、已有融合模式难以复制，导致大多数地市级媒体在纵深发展过程中，从党政一把手到媒体负责人都缺乏改革热情。

（二）对于媒体功能理解单一，发展空间受到限制

在区县级层面，尽管有中央指令下的政策倾斜和资金支持，但大多数区县级党政一把手没有充分重视区县级融媒体中心在基层治理体系中的重要作用，仅仅将其视作新闻宣传的媒体，这样的狭隘定位，会导致当地媒体在融合方向上出现偏差。

这种情况的形成，一方面是由于部分地方一把手多把注意力放在经济建设、乡村发展等领域，对媒体融合的重大意义缺乏充足理解；另一方面也是由于我国多数区县级融媒体都具有公益属性，主要靠财政补贴来生存，在提升造血能力、拓展服务功能等方面缺乏动力机制，很难得到政府重视。

更进一步来看，由于地方党政一把手对区县融媒体中心建设的重视程度不够，必然导致当地媒体成长机会较小、缺少自主权限，这又会造成懂趋势、懂市场、愿干事、能干事的优秀人才不愿意担任县级融媒体中心主任这个职务，影响了媒体一把手的职责发挥，形成了"两个一把手"之间的恶性循环。

媒体融合是系统工程，牵一发而动全身。当下，全国各地广电媒体的外部环境和内部条件、自身的能力水平各不相同，需要当地党委和媒体内部"两个一把手"亲力亲为地推动。一方面，各地的党政一把手，必须要有足够的政治智慧和媒介素养，站在国家治理体系和治理能力现代化的高度来看待媒体融合，同时又要较高的政治水平和创新能力，要

有魄力从体制机制层面推进当地的媒体融合；另一方面，媒体负责人既要对媒体的发展态势具有前瞻性的认识，又要清楚媒体的专业性规律，同时要有解决棘手问题的能力，积极主动去破除各种障碍，克服各种困难。

从笔者的调研情况来看，凡是媒体融合做得好的，一方面得力于媒体内部"一把手工程"的总体谋划，措施落地；另一方面得力于当地党政一把手的高度重视，强力推动。例如，有的党委一把手直接担任领导小组组长，协同相关部门给予综合支持。珠海市市委书记牵头成立了推动小组，制订该市的媒体融合改革方案，在其推动下，珠海广播电视集团和珠海报业集团于 2019 年 4 月合并组建为珠海传媒集团。此外，珠海市政府每年向珠海传媒集团投入 1.5 亿补贴且连续 5 年不变，并将全市的路牌广告资源委托给传媒集团做独家运营。正是这样自上而下的支持力度，推动了整个地市范围内的资源聚合并配置到融媒体平台上，也带动了媒体融合的体制机制突破。

三、"双轨制"局面加持，影响长期队伍建设

随着我国媒体改革的不断深化，如何处理好"人"的问题，成为一道难题。从笔者的调研情况来看，尽管涌现了一些组织创新的尝试，但各级媒体在人力资源改革过程中依旧遭遇了重重阻力。

从人才管理体系来看，我国媒体的"历史包袱"造成内部薪酬绩效管理尚不完善。在媒体高速发展期，事业编制和企业编制同时存在的"双轨制"管理，使媒体产业改革突破了早期的政策障碍，但如今"双轨制"局面造成的员工身份差异，却制约了媒体的转型升级。一些媒

体尚未建立适应融合发展的绩效考核、薪酬激励和人力管理体系，导致事业编制人员和企业编制人员的工资结构、晋升方式大相径庭，这种落差有可能挫伤编外员工的归属感，也影响了组织分配公平。

从人才队伍发展来看，一些媒体在整合过程中压缩了干部职数，造成了新的遗留问题。笔者在调研过程中发现，许多跨界整合后的媒体，对于管理岗位采取"只减不增、退一减一"的办法消化，还有媒体通过"人事冻结"的方式，将原来在编事业人员全部打包到企业工作，统一按照企业化进行绩效管理，这些人员退休之后可凭借事业编制的身份享受退休待遇。上述做法尽管保证了媒体的企业化运作，但也影响了干部序列的提拔晋升、评奖评优。我国媒体行业具有特殊的事业属性，如果不能拓展干部发展空间，有可能会影响长期的队伍建设。

从人才激励培养来看，一些媒体缺乏有效的激励和培养机制，员工发展空间有限。在与互联网等新兴行业的竞争中，改革后的主流媒体在人才吸引和激励方面仍处于劣势。一方面，对于市场议价能力较强的技术类等人才而言，主流媒体无法提供令他们满意的薪酬；另一方面，由于媒体重组改制，无法为其提供稳定的事业编制，这造成媒体人才吸引力不足、流失严重。与此同时，对于已有的员工队伍，主流媒体也缺乏有效的培训机制，员工能力提升空间有限，综合素质和能力尚不能满足媒体融合建设的高标准和高要求。

四、技术力量不足，平台效应难以发挥

尽管做出了一系列探索，但当前主流媒体的平台建设仍受到技术支撑、商业竞争、运作观念等方面的制约，远未达到一些头部平台的发展水平，依旧需要在运营机制创新方面有所突破。

一方面，大多数媒体平台的技术来源是第三方公司，平台建设难以自主可控。由于在资本运营、股权激励等方面门槛较高，各级媒体普遍存在研发力量与技术人才不足的问题，因此只能与第三方运营商或科技公司合作进行平台建设。这导致我国媒体不能掌握平台的底层代码，失去了对用户数据的掌控权，进一步会造成平台精准分发能力的不足和用户个性化匹配的偏差。

另一方面，一些媒体平台建设起步晚、规模小、资源汇聚能力有限，影响了造血盈利和社会治理效能。尤其在市县级层面，一些平台在智能技术、数据资源等方面基础薄弱，对于本地产业链条的开发也不够深入，这就造成了它们很难与公共需求做到精准对接，更无法嵌入各地的经济发展和社会治理中，也就解决不了联系群众、服务群众、引导舆论的问题。

在互联网环境下，主流媒体没有自主可控、广泛连接的互联网平台，就解决不了联系群众、服务群众、引导舆论的问题，甚至无法解决自身在社会主义市场经济下，靠自己的规范运营来获得持续发展的造血能力问题。2021年9月14日，中共中央办公厅、国务院办公厅印发了《关于加强网络文明建设的意见》，指出要加大中央和地方主要新闻单位、重点新闻网站等主流媒体移动端建设推广力度。这一意见的推出也为各级媒体指明了发展方向，要通过体制机制改革，建设高效运营的用户入口和服务端口，不断嵌入各地的经济发展和社会治理中，让主流媒体在与商业平台共存博弈中找到符合自身发展的转型之路。

第三节　持续性创新：我国媒体跨界融合的趋势前瞻

一、区域优势互补，推进协同发展

面对我国各层级媒体发展不平衡的现状，以及同一地区媒体资源局限性带来的同质竞争，主流媒体可以通过探索区域融合实践，形成优势互补、互利共赢的发展格局。

我国在"十四五"规划中对区域协同发展做出了深远的战略布局，提出要促进区域间的"融合互动、融通补充"，这与强调"差异发展、协同高效"的媒体深度融合在政策指向上不谋而合。当前，同一区域的多家主流媒体合作构建融合模式成为新趋势：中国（京津冀）广播电视媒体融合发展创新中心成立，推动区域媒体的共建共享；粤港澳21家广电机构合作成立大湾区广电联盟，聚集三地广电媒体的资源形成合力；上海、浙江、江苏、安徽广电局签署战略合作协议，规划长三角广电事业的一体化发展；2020年疫情期间，全国24个省份的多家媒体机构推出《战"疫"集号》充分共享疫情信息，并组成了全国首家区块链新闻编辑部，媒体跨地域拓展以共建、共享、共赢为特征，实现了信息内容的高效聚合和转型升级中的资源共享。

此外，我国主流媒体正在尝试建立央地联动、省域统筹、横向贯通等合作机制，促进行业的优质内容互通、资源优势互补。以业务合作为突破口，提升跨区域、跨产业协作能力，拓展区域权威主流媒体的功能。例如，以"视频+"拓展线上业务，突破行业发展边界。依托视听传播优势，开展短视频创作和直播活动。借助互联网，将各行业的业务与自身业务深度结合。例如，与电商、旅游、教育、健康等行业进行商务合作，拓展业务范围，拉动区域经济增长。

在未来，我国媒体要注重"区域共性+本土差异"的平衡统一，既要发挥整体特色，又要满足各个地区垂直化、分众化、差异化的用户需求。[①] 在搭建跨区域合作平台的基础上，进一步探索区域媒体间的生产协同机制、分级运营机制、内容共享机制、人员交流机制、沟通会商机制等，实现区域资源的集成效应与优化配置，推动区域一体化和媒体多层次深度融合的转型升级。

二、聚合资源价值，强化造血功能

面对市场化竞争，我国媒体亟待探索新的商业模式，这需要进一步协调好与用户的关系、与其他平台的关系、与多元社会机构的关系，在机制创新中寻找造血盈利的突破口。

首先，主流媒体要维护与多元用户群体的在地关系，形成更多价值链的对接。当前，多数媒体的服务功能停留在政务方面，在未来，媒体利用数据资源和技术优势，以内容生产拓展非多元化的跨界融合，打造数字经济新引擎将成为媒体融合拓展盈利模式的目标。除了寻求当地政府给予充足的政策、财政资金等支持，还可以立足本地产业园、演播室、实验室等物理空间，推动集约化发展。我国媒体需要以本地生活圈

[①] 曾祥敏，周杉. 区域协同提升媒体深度融合发展的路径初探 [J]. 当代电视，2021 (9)：78-85.

为核心场景，连接当地的民生资源和产业资源，在医疗、金融、交通等垂直领域为区域用户提供服务，重塑人—媒关系。① 充分积累的用户关系资源，将为媒体探索商业模式提供更多可能。

其次，我国媒体在建设自主平台的同时，也要处理好与商业平台的共生关系，通过跨平台合作将媒体资源转化为生产力要素。近两年，广东、浙江、黑龙江、青海等多个省份的媒体机构均与字节跳动联合成立了新媒体孵化园，在账号运营、电商直播、红人孵化、流量变现等方面达成合作。江苏、山东、辽宁等省份的媒体机构则与快手签署协议，在MCN 建设、大小屏融合等领域发力。未来，我国媒体要进一步思考如何用好市场机制，将自身的视听优势与商业平台的技术资源相结合，实现产业链延伸和运营模式创新。

最后，我国媒体可以尝试引入国有战略投资，获得资金动力、实现资本多元。2020 年 11 月，中宣部和财政部发起设立了中国文化产业投资母基金，主要投向新闻信息服务、媒体融合发展等领域；2021 年 9 月，总台在上海成立了央视融媒体产业投资基金，主要投向视听领域的前沿技术应用，扶持媒体融合新业态。这样的举措有利于发挥资本市场的积极作用，为我国媒体的融合转型和产业发展提供政策利好和资金支持。

三、优化人才管理，平衡多重属性

新型主流媒体需要平衡事业属性与产业属性的关系，推动自身的可

---

① 田香凝，赵淑萍．中国特色大区域传播的创新与开拓——基于对粤港澳大湾区传媒新动能的前沿考察［J］．现代传播，2021（10）：6-10.

持续发展。① 这样的属性结构，也决定了未来我国媒体需要不断优化人才管理，打造新型人才队伍。

在人才培养方面，我国媒体既要对已有人才进行转型培育，又要强化对工程技术、直播销售、全媒体运营等复合型人才的引进，更好地应对行业发展带来的岗位需求变化。例如，四川广播电视台成立"观察学院"，形成系统化的培训体系；济南广播电视台专门制定急需人才引进办法，面向社会招聘专业人才。重视自身人才的培养与转化，不断发挥人才优势，助力媒体融合发展。建立起以岗位培训为核心，素质教育为平台、涉外培训为特色、干部锻炼培训为补充的模块式职工教育培训新体系，例如，邀请学界和业界的老师对员工进行培训，定期组织学习团队前往主流媒体和商业媒体进行调研，出国考察、建立学习小组，将对全媒体技能的应用纳入考核机制。

在分配激励方面，我国媒体在探索项目制、工作室、MCN 等制度改革的同时，更要建立与之配套的市场化导向的用工体系和激励机制，真正实现多劳多得、效率优先。例如，温州广播电视传媒集团将六类电视节目改为制播分离的项目制运作模式，并向全台挂牌招才；广东广播电视台采取"一室一策"，针对不同工作室的情况设计反馈激励机制；湖南娱乐频道按照 MCN 模式重构了频道体系，打破职别、职务、待遇的捆绑模式。建立市场化导向的用工体系和激励机制，促进广电媒体人向市场型复合人才转型。推行全员绩效管理，践行多劳多得、效率优先、一岗一责原则。员工薪酬由基本工资、岗位津贴及奖金构成，与岗

---

① 田香凝，曾祥敏. 身份、能力与道德规范：声誉管理视角下的新型主流媒体建设 [J]. 中国出版，2021（14）：27-32.

位挂钩。在未来，我国媒体的深度融合必须创新用人机制，通过组织结构再造驱动用人改革、激发人才活力。

在考核机制方面，我国媒体要借鉴商业互联网平台的管理模式，行政手段与经济手段并举。一是建立新媒体内容产品考核机制，重点考核新媒体产品的传播数据，对不达标的新媒体产品采取整合、分流甚至关停等措施；设置内容增值绩效，对取得良好传播效果的新媒体产品予以绩效奖励。二是建立部门考核机制，以频道、频率或工作室等为单位进行全年的生产贡献值考核，例如，每年设置100分的部门考核分，提升新媒体在考核分中的比例，一般占到总分的20%左右，这一考核机制主要考核各生产部门的内容产品对整个融媒体中心的新媒体内容首发贡献率，提升各生产部门生产新媒体产品的积极性。三是建立人员考核机制，对每个员工每天的工作任务进行考核，每月形成一份成绩单，将12个月的成绩单汇成成绩表并作为年底的竞聘定岗依据。

在晋升体系方面，我国媒体要充分考虑专业人才的职业发展和管理队伍的后备建设。湖南卫视采取的"H"型人才双通道管理便是一种新的机制探索，它在媒体内部开辟专业技术通道与科层管理通道，将两个通道分为不同等级，并对每个等级的任职资格进行详细设定，专业人才可以享受对应管理级别的待遇。这样的机制体系让不同人才都能在各自的通道中得到成长晋升，促进了人才的流动和发展，也保证了管理队伍的稳定。

四、推进智慧转型，提升治理服务水平

传统媒体是工业社会时期的产物，虽然专业化和标准化的流程在工

业时代发挥了非常重要的推动作用，但也继承了条块分割、粗犷单一的弊病。在如今和未来的信息时代，物联网、云计算和人工智能等技术系统把开放、传播、连通、汇集和合作当作基本原则，这就要求新媒体的最终架构是一个具有强大传播力、引导力、影响力、公信力的传播格局。因此，在融媒体建设的过程中，我国媒体需要利用互联网的扁平化、交互式和快捷性的优势，把媒体融合与公共服务和社会治理结合起来，为综合性的智慧城市提供信息和技术支撑，并逐步推进政府决策科学化、社会治理精准化、公共服务高效化。

随着国家加大对新基建领域的投入，人工智能、5G、区块链、云计算等新型技术将为我国媒体的转型升级提供基础性保障，使其成为融信息分发、公共服务、社会治理于一体的，连接各类要素的智能化平台。

2020 年，人民网与中国联通合作，在大数据、人工智能、5G 新应用等"新基建"领域开发智能应用，共建"智媒平台"；中央广播电视总台与中国移动合作成立 5G 超高清视音频传播中心，提高广电内容数字化转型。央视网"小 C"、黑龙江台"小光"、广西台"小晴"等 AI 虚拟主播的运用大面积推广，提升了新闻报道新鲜感和科技感。湖南广电 AI 手语播报系统在长沙、襄阳台电视新闻直播中启用，推动构建无障碍传播的媒介环境。此外，区块链技术应用也进一步规划落地。2020 年 11 月，国家广电总局发布了《广播电视和网络视听区块链技术应用白皮书（2020）》，从总体应用、内容审核、县级融媒体、智慧广电应用场景、内容审核、内容版权管理、监测监管等方面提出具体规划，将技术应用细化到基础层、核心层、服务层和应用层，探索"区块链+融媒体"应用落地，为区块链技术推动媒体融合发展提供了发展方向。

媒体智能化是微观层面的技术支撑，而数字媒体是中观层面的机构建设，智能传播则是宏观层面的生态体系。未来，媒体融合的主体将逐渐从融媒体向智媒体拓展，传媒业也将形成以技术广泛应用为代表的智能传播生态格局。

对内而言，我国媒体将以智能技术推进业务流程再造。例如，总台打造的"人工智能编辑部"便是集数据处理、用户画像、选题判断、智能剪辑、智能播报、智能审核等多个功能于一体，将人工智能应用到新闻采集、生产、分发、接收、反馈等各环节。我国要加快媒资数据化转化，激活要素潜能，赋能媒体行业整体转型。在确保安全前提下，最大化正确发挥数据算法的应用价值。坚持需求牵引，运用主流价值导向驾驭"算法"，更好地服务不同群体，让技术更有温度、更有态度，继续探索技术赋能下的内容供给侧结构性改革，形成高效的内容生产机制、精准的内容分发体系和动态的内容监管系统。

对外而言，我国媒体将以智慧形态嵌入公共服务体系。媒体参与社会治理是在国家治理体系、社会治理布局中的细化和延伸。广播电视领域推动的"智慧广电乡村工程"从服务数字经济、数字政府和乡村振兴的角度，开展村务公开、应急广播、网络视听、媒体平台等建设，将媒体服务社会功能下沉到"最后一公里"。我国社会的网络化进程不断加快，未来网络综合治理体系将逐步形成，而提高网络综合治理能力也是媒体的责任所在。社会多元协同是网络综合治理的必然选择，媒体作为其中的重要主体，在探索媒体深度融合的过程中要通过实践来强化融合深度，通过服务提高融合广度。佛山传媒、浏阳传媒、长兴传媒等机构都在协助政府构建城市数据产业，江阴传媒参与打造了当地智慧医院、智慧交通、智慧社区等应用场景，这些举措都为主流媒体拓展智能化服务提供了思路。我国主流媒体具有无可比拟的网络覆盖优势和区域受众优势，未来要在全媒体传播体系建设中进一步强化服务功能和社会参与，挖掘数据资源、开发业务应用、创新服务样态，持续推动技术创新与社会生活的深度融合，参与智慧城市建设、乡村振兴战略和基层社会治理中。

第五章

区域战略观察：粤港澳大湾区媒体融合的创新与开拓

现代信息、交通和远程通信体系的发展不断塑造着社会的空间形态。早在 20 世纪 90 年代，著名网络传播学者曼纽尔·卡斯特曾预见，中国南部将会崛起"香港—深圳—广东—珠江三角洲—澳门—珠海都会区域体系"，这一体系会成为 21 世纪最具代表性的都市面貌和空间形态。① 卡斯特认为，在这样的空间中，城市、地域和组织会围绕着某种共同的、同时性的社会实践，建立起各个地点的网络联结，不仅在彼此之间进行着信息、资本和技术的不断流动，也参与全球的信息体系中。②

我国的实践举措证实了卡斯特的预言，由香港、澳门两个特别行政区和广东省广州、深圳、珠海、佛山、惠州、东莞、中山、江门、肇庆九个地市组成的粤港澳大湾区，如今是中国开放程度最高、经济活力最

---

① 曼纽尔·卡斯特. 网络社会的崛起（第 2 版）[M]. 夏铸九，等译. 北京：社会科学文献出版社，2003：496-499.
② 曼纽尔·卡斯特，马汀·殷斯. 对话卡斯特 [M]. 徐培喜，译. 北京：社会科学文献出版社，2015：84.

强的区域之一。2018 年 5 月，在习近平总书记先后主持召开的中央政治局常委会会议和中央政治局会议上，党和国家最高决策层审议通过《粤港澳大湾区发展规划纲要》；同年 11 月，中共中央和国务院联合发布《关于建立更加有效的区域协调发展新机制的意见》，开启区域科学发展新篇章。2019 年 2 月 18 日，中共中央、国务院联合印发《粤港澳大湾区发展规划纲要》，并发出通知，要求各地区各部门结合实际认真贯彻落实。粤港澳大湾区建设上升为国家主导的战略发展格局，其核心内容是建设世界级城市群，打造全球范围内具有世界竞争力的重要空间载体，有效对接"一带一路"，开创对外开放新格局。

为响应粤港澳大湾区建设的战略规划，作为支撑城市间信息资源流动的重要连接者，粤港澳的三地媒体需要落实好区域传播的主体责任，在强化区域媒体互通互融的同时，与全国和全球的信息传播体系保持互动，构建高水平的大湾区媒体融合模式，以更好地完成区域发展的时代命题。大湾区媒体亟待探索具体可行的合作行动方案，按照资源集约、结构合理、差异发展、协同高效的原则，构建高水平的大湾区媒体融合模式，抓住媒体机遇，发挥媒体所能，承担媒体使命。

当前，关于大湾区媒体融合的研究尚处于起步阶段，少数学者对大湾区的传媒产业转型进行了逻辑阐释，如段莉回顾了大湾区传媒产业的格局演化，并指出大湾区媒体协同发展的要义在于文化认同、市场竞合与政策驱动①；唐铮分析了粤港澳三地的区位优势与条件，认为未来的媒体融合应从打造产业链、引入市场化机制和创新技术应用等方面进行

---

① 段莉. 从竞争合作到协同发展：粤港澳大湾区传媒发展进路探析［J］. 暨南学报（哲学社会科学版），2018，40（9）：118–132.

探索。① 虽然研究探讨了大湾区媒体融合的动力机制，但总体视角停留在对市场环境、产业政策、技术条件等外部要素的呈现，缺少对传播要素之间互动机制的研究，也忽视了媒体作为行动主体在大湾区媒体融合进程中的多元实践。

社会网络理论为大湾区的媒体融合提供了结构主义的研究视角。这一理论强调，在运转着的社会关系网络中，行动者们（包括社会中的个体、群体和组织）作为关系中的节点进行能量传递和交互生成。② 本研究认为，可以将粤港澳大湾区的媒体融合视为一个网络系统，将媒体视为该网络中的核心行动者，他们彼此进行着合作、连接、资源交换，并基于共同的目标和利益进行自我迭代，是一种具备互动性、流动性和能动性的社会网络。

为了更好地了解媒体行动者们在大湾区的互动和关联情况，笔者于2021年4月至6月间调研走访了广州、深圳、珠海等地的主流媒体，对媒体高层管理者、中层干部和一线运营人员进行深度访谈。同时，借由2021年粤港澳媒体融合研讨会，笔者进一步与香港、澳门、惠州等大湾区城市媒体的负责人和相关央媒代表开展了集中座谈。在上述资料和数据收集的基础上，本研究从社会网络视角出发，对大湾区媒体的融合实践开展分析梳理，总结其行动逻辑和模式特征，以期为区域媒体融合和粤港澳大湾区建设提供新的研究思路和行动参考。

---

① 唐铮. 粤港澳大湾区媒体融合的逻辑与进路［J］. 学术研究，2019（10）：71-75.
② 约翰·斯科特，彼得·J. 卡林顿. 社会网络分析手册（上卷）［M］. 刘军，刘辉，译. 重庆：重庆大学出版社，2018：7-15.

第一节　大湾区媒体融合网络的产业基础与功能特点

在大湾区概念提出之前，珠三角地区和港澳地区的传媒产业早已开启了交流往来，并随着市场发展、政策引导和文化交往而不断加密。在媒体融合战略和大湾区建设的驱动下，该区域的融媒实践也呈现出了新的特点，并担负起了新的功能使命。

一、合作历史悠久，媒体产业基础优越

粤港澳地区的媒体交流始于广播电视领域，早在 20 世纪 70 年代，香港的广播和电视便开始在广东沿海地区落地，到了 20 世纪 90 年代，广东有线广播电视台成立后，开始在省内传输香港无线和香港亚视的节目。[①] 2001 年起，国家广电总局陆续批准了香港翡翠台、香港明珠台、凤凰卫视中文台、澳门澳亚卫视等港澳电视频道在广东播出，让广东成为全国唯一一个有国内境外电视频道落地的省份。

在报刊领域，珠三角地区的纸媒也较早开始探索省内传播资源的互通，自 2002 年起，广东各媒体集团开始创办直接针对省内二、三线地市的专版或周刊，带动了省内媒体的跨区域竞合。此外，《广州日报》还先后与香港《星岛日报》等报刊合作创设海外版，布局海外传播。

到了 2014 年，媒体融合上升为国家战略，广东作为媒体大省、网

---

① 申启武. 粤港广播电视传媒竞争与合作的历史考察与现状分析 [J]. 中国广播电视学刊, 2008 (6): 107-109.

络大省，在内容、技术、管理等方面积极开展融合探索。《2020 中国媒体融合传播指数报告》显示，广东在地方融合媒体建设中持续领跑，综合传播实力居于各省前列①，这样的产业环境也为大湾区的媒体融合提供了良好基础。

二、城市圈群复杂，融合实践动态多元

尽管大湾区有着良好的媒体交流和产业发展基础，但在大湾区内部，各城市媒体间的互动模式和紧密程度并非均衡等效，而是包含了复杂多元的融合实践。

大湾区城市群有着"一个国家、两种制度、三个关税区、四个核心城市"的区位特点，这造成大湾区的媒体格局具备多层次结构，各城市媒体的定位、功能、覆盖人群和产品特色不尽相同。与此同时，该区域还囊括了广深双龙头、深港创新圈、珠澳一体化、珠江口西岸都市圈、广佛肇经济圈等多个细分城市圈群，媒体作为支撑城市间信息和资源流动的重要平台，其融合进程也与城市间的协作发展相同步，因此，大湾区城市媒体间的联动互通疏密不一，尚处于动态的演进过程中。

三、肩负多重使命，发展能级不断提升

在大湾区建设的国家战略推动下，粤港澳三地媒体的融合实践，不仅服务于大湾区的产业创新、人员往来、沟通互鉴，也在不断与外界进行资源、信息和能量的交换，承担着多重功能使命。

---

① 《2020 年媒体融合传播指数总报告》发布：中央级媒体融合传播力继续领跑［EB/OL］. 人民网，2021-04-27.

从全国范围来看，大湾区是国家经济发展的重要引擎，与其他经济区、城市群一起推进我国多中心网络化的区域布局。[①] 在此基础上，大湾区媒体也需要与中央和各省市媒体保持协作互动、对接多元要素，共同参与国家的发展格局。

从全球范围来看，大湾区承担着参与全球竞争、对接"一带一路"、创新对外开放的战略任务，大湾区的建设是个持续性的过程，需要向世界进行解读，大湾区媒体也必须及时捕捉大湾区建设要义和近况，用更广阔的国际视野呈现发展成果，深度参与全球的传播格局。

综上可知，大湾区的媒体融合是一个跨媒介、跨制度、跨地区的动态复杂系统，并在新时代的背景下承担着"立足大湾区，面向全国，延伸世界"的使命。为了形成新的有序结构，大湾区媒体需要内外联动、彼此协调，突破传统资源配置，寻求全新的发展动能，进而为大湾区各种要素的高效流通提供渠道，发挥更强有力的平台连接作用。笔者通过对大湾区多个城市的走访调研，梳理总结了该区域媒体的探索与实践。

第二节　央地互嵌：媒体能量纵向贯通

社会网络学者格兰诺维特最早提出了嵌入概念，他指出，行动者是

---

① 蔡赤萌. 粤港澳大湾区城市群建设的战略意义和现实挑战［J］. 广东社会科学，2017（4）：5-14，254.

嵌入在真实的、正在运作的社会关系之中的。^① 嵌入概念引入中国后，延伸出了本土性内涵，我国学者提出了互嵌性观点，指出嵌入不仅是单向的，也是双向交互的，行动者与其所嵌入的社会关系是相互依赖、交互生成、彼此强化的。^② 互嵌观点常被用于分析中央与地方的关系结构，有学者用"央地互嵌"来形容央地关系从科层等级走向沟通合作的状态，认为这有助于达成互利互惠的正和博弈。^③

大湾区的战略定位，决定了其要加快融入国家发展大局和全球化新格局。因此，大湾区媒体首先要深化与中央级媒体的联动，超越自身的区域局限，借助央媒的内容、平台、资源、技术等优势，实现全面的互融互通，从而发挥"延伸全国、连接世界"的传播效能。同时，对于中央级媒体而言，要做大做强主流舆论，也必须扎根大湾区，通过一体化的生产传播，绘就中央和大湾区的同心圆。从这一层面来看，央地传播资源的上下贯通，不仅为大湾区的媒体融合注入外部动能，对于合作双方也是"共赢"的选择。

在大湾区的媒体融合网络中，中央媒体与大湾区媒体也进行了央地互嵌的有益探索，这样的互嵌模式不仅为大湾区的媒体融合注入外部动能，对于央媒和地方媒体来说也是共赢共融的选择。

---

① 格兰诺维特. 镶嵌：社会网与经济行动 [M]. 罗家德，等译，北京：社会科学文献出版社，2015：7.

② 吴义爽，汪玲. 论经济行为和社会结构的互嵌性——兼评格兰诺维特的嵌入性理论 [J]. 社会科学战线，2010 (12)：49-55.

③ 何艳玲. "嵌入式自治"：国家—地方互嵌关系下的地方治理 [J]. 武汉大学学报（哲学社会科学版），2009，62 (4)：495-501.

一、资源互嵌，央地媒体优势互补

行动者在社会结构中所处的不同位置，会为他们带来实际的或潜在的不同资源。① 通常而言，央媒出于其国家级媒体的平台属性，会具备较为明显的资源优势，而地方媒体则拥有独特的本土资源，可以向央媒输出和补充。在大湾区的媒体融合网络中，央地媒体便在资源嵌入方面呈现出了较强的双向互动性。

在内容资源方面，大湾区媒体一方面得以利用央媒的选题策划和报道站位优势，同时也发挥了自身接近新闻线索的地利性特点，双方联合进行内容生产。例如，在庆祝深圳经济特区建立 40 周年宣传报道中，深圳特区报读特客户端与人民日报、新华社、经济日报等央媒客户端合作，在深圳选取素材，生产了一系列短视频和新媒体报道。

在渠道资源方面，央地媒体共同生产的融媒体作品，既可以通过大湾区媒体"报网端微屏"的全媒体渠道在大湾区内部传播，又可以通过央媒平台进入主阵地、主战场。对于重大新闻，央媒还会进行相应的头版、头条和首页推荐，以触达和吸引更多受众，重构了一次采集、多次生成和多元发布的新闻传播链条。

在智力资源方面，大湾区媒体得以对接央媒平台的高端智库，央媒也通过大湾区媒体连线对话当地专家，双方共同推出权威解读、主题访谈等产品。与中央媒体相比，地方媒体在资源、人才、平台等方面一定程度上存在着先天不足，在新闻报道时容易出现"站位不高、视野不

---

① BORGATTI S P，CANDACE J，EVERETT M G. Network Measures of Social Capital ［J］. Connections，1998 （2）：27-36.

宽"的情况，为了补上这一短板，珠海传媒集团与人民日报合作策划了多档视频访谈节目，邀请国务院智库专家和珠海企业家进行对谈，共同探讨大湾区的制造业发展。

布迪厄认为，经济、文化和社会资本可以通过沟通互动实现转换升级，因此，相比于央地媒体在各自场域内封闭运作，资源互嵌则可以形成叠加效应，发挥双方的生产能动性。

二、身份互嵌，媒体成员跨界"混编"

社会身份实际上表征着一种社会角色，是由所在组织或结构赋予的。① 通常而言，中央媒体从业者的身份与地方媒体从业者的身份存在一定张力，然而在大湾区的媒体融合实践中，央地媒体通过联动合作，使媒体成员的身份具备了二重性。

2018 年 10 月，人民日报全国党媒平台与珠海市委宣传部、珠海传媒集团合作共建了粤港澳大湾区融媒体工作室，这是全国首个央地联动、常态化运营的融媒体工作室，在央地媒体的内容生产、团队协作、资源共享方面进行了有益探索。粤港澳大湾区融媒体工作室将珠海传媒集团和人民日报的文字记者、主持人、编导、新媒体编辑等成员进行"混编"，形成全媒体报道团队，联合开展了多次大型主题采访活动，所有深度报道、系列报道、短视频、脱口秀、H5 等作品，均以大湾区工作室的名义发布，消弭了媒体成员的身份界限。此外，为了延伸新闻触角，工作室还向其他大湾区城市的媒体记者发放了特约证书，初步建

---

① 曼纽尔·卡斯特. 认同的力量（第 2 版）［M］. 曹荣湘，译. 北京：社会科学文献出版社，2006：3.

立起横跨各城市的创作团队，形成了央媒记者与地方记者的常态化联络、供稿机制。

2020 年 6 月，在决胜脱贫攻坚的报道中，大湾区工作室将珠海和北京的主创成员进行"混编"，形成全媒体报道团队，兵分多路深入珠海对口帮扶的云南省怒江州和西藏林芝市米林县等地进行采访拍摄，通过沿线走访、直播带货、蹲点报道等形式展现珠海在这些地区的扶贫行动和扶贫故事，生产了一系列文字、短视频、脱口秀、直播、长图等原创作品。这些报道不仅在珠海本地产生反响，还被人民网、环球网、澳门《力报》、腾讯、网易、今日头条等平台广泛转发，传播力和影响力持续放大。

值得一提的是，在传统媒体时代，中央媒体与地方媒体以同类合作为主，即中央电视台与地方电视台合作或中央报刊与地方报刊合作，合作生产的内容类型也较为单一。而大湾区的央地媒体合作则打破了媒介形式的壁垒，媒体成员不仅跨越层级限制进行协作生产，不同类型工种的媒体从业者也在跨界组合，丰富了大湾区议题的全媒体报道图景，也放大了传播效能。在粤港澳大湾区融媒体工作室的案例中可以看到，人民日报与珠海传媒集团进行了优势互补，工作室一方面得以利用人民日报的传统新闻资源优势，另一方面也充分发挥了珠海传媒集团的融媒体生产效能。双方合作策划生产的短视频《跨越 4000 里的足球情缘》，讲述了珠海支教教师帮怒江大山里的孩子圆校园足球梦的故事，视频点击量超过 500 万次，视频的相关内容和截图还"倒灌"了人民日报版面，实现了媒体融合的一次采集，多次生成和多元发布。

三、舆论互嵌，拓展共同意义空间

任何传播活动的目的归根结底都是在传播渠道畅通、信息流通有序的基础上逐渐扩展共同意义空间。① 对于中央媒体而言，要想提升在大湾区的引导力，便要下沉到大湾区的核心舆论场，将国家的政策、立场、态度有效辐射到该区域的传播腹地中；对于大湾区媒体而言，要想让区域外的受众了解大湾区，也要掌握本地话语权，成为大湾区信息的主要供给方和权威出口。

2019年9月，中央广播电视总台粤港澳大湾区之声正式开播，是我国首个专门面向大湾区播出的国家级电台频率，尤其承担着树立主流媒体在港澳地区影响力的使命任务。如布迪厄所言，场域中包含着各种隐而未发和正在活动的力量，是一个争夺的空间。② 港澳地区的传媒环境错综复杂，不同利益群体为了争夺舆论话语权，有时会出现对抗性的话语表达，针对这样的情况，大湾区之声及时发声，用粤语在广播、电视、新媒体平台上推发新闻评论，努力弥合场域分化产生的意见鸿沟。2020年6月，香港国安法正式落地，大湾区之声连续发出14篇热评，就香港国安法密集发声，阐释了立法的重大意义，并表达了中国政府维护国家安全的意志和决心。这一系列评论通过声音、视频和文字等多元形态，在广播、电视、新媒体平台上同步推发，对香港国安立法的解读生动易懂、客观理性，被香港、澳门和海外的数十家媒体广泛转载，有

---

① 段鹏. 媒介融合背景下提升我国广播电视舆论引导能力的策略分析 [J]. 中国广播电视学刊，2015（4）：33-36，84.

② 皮埃尔·布迪厄，华康德. 实践与反思：反思社会学导引 [M]. 李猛，李康，译. 北京：中央编译出版社，1998：139.

效发挥了舆论引领作用。

除了自上而下的舆论嵌入，大湾区媒体也在进行自下而上的舆论供给。央地媒体在内容策划上不仅要注重提升大湾区在国内外的影响力，更要关注大湾区在深化改革、科技创新、文化民生等领域的发展成绩，因此，媒体在选题切入时会发挥大湾区的区位特点，寻求内容影响力的最大公约数。深圳广电的《直播港澳台》节目是全国第一档涵盖港澳台、外交、防务等涉外领域的日播新闻节目，与多家主流央媒保持信息通联。节目多次就大湾区热点议题独家专访梁振英、林郑月娥等知名人士，以及诺贝尔经济学奖获得者、世界经济论坛总裁等权威专家，相关内容和观点得到了境内外媒体的广泛报道，为主流舆论场提供了有益补充。

可见，在大湾区的媒体融合网络中，央地媒体通过舆论互嵌，拓展了主流声音传播的物理空间，也推动着中央与大湾区构筑舆论同心圆。

第三节 区域联动：重构大湾区结构网络

在一个社会网络中，行动者之间的联系并非等位均衡，一些行动者之间不存在直接联系或有着关系缺失，这就造成"结构洞"的出现。[①] 社会网络学者认为，结构洞构成了信息和资源流动的"阀门"，行动者掌控的结构洞越多，他们在整个网络中占据的优势就越大，便能获得更

---

① BURT R. S. Structural holes: the social structure of competition [M]. Boston: Harvard University Press. 1992: 66.

多信息收益和控制权力。①

　　粤港澳大湾区的媒体融合是一个复杂的自适应系统，既向外部环境开放并进行着能量交换，也在内部进行多元的利益主体互动。协同学认为，竞争与合作是系统演化的最重要动力，一方面，竞争可以让子系统之间保持差异，从而实现整个系统的永恒运动；另一方面，子系统也会自发基于某种规则进行连接和行动，通过交叉合作形成某种有序结构。② 因此，大湾区媒体的协同发展，既需要各个媒体不断在竞争中打造自身的差异化优势，又需要他们通过自组织的交叉合作，形成相互影响和作用的联动网络，从而有序推动大湾区媒体的融合。

　　如前文所述，由于城市圈群复杂，大湾区媒体的交流程度并不一致，与区域用户的交叉连接也疏密不一，因此在大湾区媒体融合的网络内部存在着结构洞。大湾区媒体需要尽量占据这些结构洞，以填补媒体与媒体之间、媒体与用户之间的关系缝隙，从而在信息传递、服务连接和社会动员等方面获得优势。

一、互通互联，创新内容生产供给

　　大湾区城市的一体化进程，提高了用户对于不同城市信息动态的关注度，从结构洞的原理来看，大湾区媒体亟待提升生产可供性，让用户能够利用媒体平台满足自身的信息需求。对此，大湾区媒体已经探索出了内容互通和机构延伸两种路径。

---

① 张存刚，李明，陆德梅. 社会网络分析——一种重要的社会学研究方法 [J]. 甘肃社会科学，2004（2）：109–111.

② 吴彤. 论协同学理论方法——自组织动力学方法及其应用 [J]. 内蒙古社会科学（汉文版），2000（6）：19–26.

　　内容互通模式，是指打造高效便捷的内容互换网络，降低不同城市间的信息壁垒。以往，大湾区媒体间虽然存在新闻交换合作，但尚未常态化落实，多数情况下，媒体只能人工筛选其他城市的新闻来满足用户互通有无的信息需求。2020 年 5 月起，大湾区城市的党媒新闻客户端开启了一场频道互通行动。读特的频道互通计划始于 2020 年 5 月 15 日，读特客户端和广州市区融媒体中心客户端新花城达成合作，分别上线了"深广联动"和"广深联动"频道，进一步打通深圳和广州的信息边界。联动频道下设"双城要闻""权威解读""广读深读""科创速递"四大栏目，重点关注两地的重要新闻、创新政策、多元合作、改革举措等。深圳和广州承担着粤港澳大湾区建设核心引擎的作用，这一举措也呼应了广深"双核联动、双轮驱动"的战略定位。2020 年 12 月，读特与珠海传媒集团的观海客户端合作上线了"深珠联动"频道，强化了两地新闻资讯的共享互通，为两大经济特区的深度合作提供服务支撑，也推动了珠江口东西两岸的融合发展。在频道上线的同时，两大客户端还策划了"频道挖宝"活动，用户可以在"深珠联动"频道的新闻里寻找带有奖品标识的图片，截图发送到深圳特区报或珠海特区报的微信公众号后台即可参与抽奖，在为双城频道造势的同时，也为双方的新媒体平台导流。2021 年，佛山市委十二届十二次全会报告中指出，要求佛山全市上下主动学习深圳改革发展经验，推动"深圳科创+佛山产业"的协同发展，建立两市的沟通联系机制。"深佛协作"频道在此背景下应运而生，由读特与佛山传媒集团的佛山+客户端联手推出，频道重点关注两地的科创动态和产业合作，为两地政经界提供交流互鉴的信息平台，进一步发挥大湾区党媒的城市传媒智库功能。除了上述合作，读特客户端与东莞、肇庆等城市党媒的频道互通计划也已提上日程，并计划在未来进一步拓展到中山、江门、惠州，最终实现大湾区 9 座大陆城市的广域联通。在各城市客户端中互开频道的做法，有利于大湾区主流信息的相互观照，也是推动大湾区信息一体化的重要实践。

机构延伸模式，是指成立针对性更强、资源配置权更大的实体传播机构，为用户提供信息增量和话语空间。在粤港澳三地，核心城市之间往往互派跑线记者或设立记者站，以采集报道当地新闻，但随着一些地区发展量级的提升，需要配备更高规格的媒体力量进行新闻实践，来满足大湾区受众互通有无的信息需求。横琴新区位于珠海市南部，由珠海和澳门合作开发，承载着粤澳深度合作区的战略功能，2020 年 10 月 18 日，珠海传媒集团成立了横琴融媒总部，独立负责横琴地区新闻的一体策划、多元发布，并作为当地社会治理的一员，为生活在横琴的澳门居民提供政策反馈和参与公共事务的渠道。在新闻生产环节，横琴融媒总部全面负责珠海传媒集团在横琴区域的新闻信息采集，与横琴区域内各级政府部门、企事业单位保持密切联系，独立进行线索汇聚、指挥调度和采编联动，深入挖掘横琴建设的亮点成效和民生事项。在新闻发布环节，横琴融媒总部依托集团的融媒体管理系统，与集团各中心进行对接协同，将新闻内容按需分发到电视、报纸、电台和新媒体端，推动内容的精准分发和服务的精准触达。此外，横琴融媒总部也会与集团总部进行联动，共同策划完成重大选题，引导舆论导向，更好地展现珠澳合作在横琴的生动实践。通过这样的运作机制，一方面，让横琴融媒总部真正扎根于"珠澳合作开发横琴"的第一现场，宣传横琴、服务横琴，深入全面地展示大湾区建设的创新成果；另一方面，也提升了珠海传媒集团的传播效能，通过与派出机构的高效协同，进一步推进宣传舆论工作的全平台、全链条、全区域融合，为推动珠澳合作和粤澳深度合作区建设贡献珠海传媒力量。

可见，通过延伸机构职能，大湾区媒体可以真正进入区域合作的结构网络中，通过建设性的新闻实践活动，生产可供解决现实问题的方案，促进大湾区的民生融合、民心相通。

二、激活资源，连接服务多元主体

面对社会网络中的结构洞，核心行动者需要具备更强的中间中心度才能拥有更多权力，即尽可能连接网络中的其他主体，成为他们之间交往的"中介"。对于大湾区媒体而言，这意味着要利用自身在地性的资源优势，通过拓展服务功能去帮助用户匹配和连接各类在地资源，形成更多价值链的对接。

多数大湾区媒体已经开发出了垂直于本地的公共服务系统，但对于不同城市用户的交叉服务功能，还尚在探索之中，目前主要在政务资源对接方面做出了尝试。如广东广播电视台的触电新闻客户端，为大湾区企业提供了专门的服务模块，用户可以查看各城市的产业政策，并根据城市定位选择办理相应的政府业务。

2019年10月22日，主要由广州日报报业集团运营的广州市区融媒体中心新花城客户端上线。与以往的客户端样态不同，新花城客户端并不隶属于一个媒体或一个区县，而是一个定位为"新闻聚合+服务聚合"的市级融媒体平台。它融合了全市的媒体资源和政务资源，打通了市、区、街道、社区的多级新闻内容，承担着更加多样化、精准化的基层服务功能，是广州市媒体融合发展的重要探索。在粤港澳大湾区的建设过程中，广州承担着重要的引擎角色。近年来，广州市政府以"大湾区所向、港澳所需、广州所能"为导向，推出了一系列惠港惠澳的民生事项，吸引港澳人士来穗发展，并为他们的工作生活提供全方位的融入型服务。在这样的背景下，新花城客户端的穗港澳频道应运而生，在众多垂直领域为港澳人士提供资讯服务产品。

穗港澳频道以"粤语生态、繁体显示、港式表达"为特色，由广州日报报业集团的采编团队进行运营管理，团队成员通晓广州情况、熟悉粤语文化、贴近港澳人士，在日常运营中能够根据港澳人士的关心和需求进行内容采编，并用容易被港澳青年接受的方式进行表达。频道内容主要包括资讯聚合、政策解读和生活服务三部分，为了贴近港澳用户的阅读习惯，文字全部以繁体中文的形式呈现。

在资讯聚合方面，穗港澳频道会及时整理呈现关于港澳发展和大湾区建设的报道、评论、智库报告，消息来源涵盖中央媒体、大湾区媒体和其他地区主流媒体；在政策解读方面，穗港澳频道会对广州市的涉港涉澳政策进行宣讲、解读、答疑，涉及创业补助、个税优惠、疫情防护、跨境教育等多个领域；在生活服务方面，穗港澳频道推出了一系列原创的文娱休闲内容，挖掘与港澳用户同根同源的文化底蕴，加入港澳人士感兴趣的实用本地指南。

此外，穗港澳频道中还内嵌了多个服务按钮，可以跳转到广州市各个便民服务平台，包括粤省事、广州健康通、穗港澳政策查询、穗港澳青创服务平台等页面，让港澳用户可以通过新花城客户端一键享受高效便捷的城市服务，寻求更多的工作机会和更广阔的交友平台，深度融入广州生活。

2019 年 5 月，广州市大湾区领导小组印发了《发挥广州国家中心城市优势作用支持港澳青年来穗发展行动计划》，推出了 15 项支持措施，打造了一批创新创业基地，汇聚了一系列优质资源，从学习、实习、交流、就业、创业等多方面鼓励扶持港澳青年在穗的职业发展。穗港澳频道成为这一计划贯彻实施的重要平台，从多个层面服务港澳青年来穗创新创业。

一方面，穗港澳频道发挥政策沟通的作用。近年来，内地营商环境持续优化，以广州为首的大湾区城市陆续出台了惠及港澳青年创业的便利措施，并制定了相应的配套政策和实施细则。穗港澳频道除了定期发布资讯来进行政策宣传解读外，还通过内嵌页面整理了广州市的全部就业创业政策，并细化到各个区的产业优惠政策、人才补贴政策、办公扶持政策，让港澳青年可以详细了解市内各区的政策范围和政策程序。同时，港澳用户也可以通过在穗港澳频道的留言评论，对政策实施进行效果反馈，实现政策互动。

另一方面，穗港澳频道发挥着资源对接的作用。尽管出台了一系列政策，但创业青年在起步阶段仍会面临场地、人脉、项目等资源痛点。对此，穗港澳频道与广州市港澳青年创新创业服务中心达成合作，用户通过频道内嵌的服务按钮，直达穗港澳青创服务平台，这里整合了办公场地申请、工作机会发布、投资比赛项目、技能培训活动等多个板块，将政务资源、商业资源和教育资源与港澳青年有效对接，破除其在穗的发展瓶颈。

随着大湾区货物、资金、人员、技术等要素的加速流动，大湾区媒体需要进一步激活并整合自身的社会资源，维护与多元人群的在地关系，让大湾区用户与该区域的媒体环境建立深度连接关系，这不仅能够增强用户黏性，也反过来构建了媒体在整个区域社会系统中的影响力。

三、认同召唤，合力凝聚大湾区共识

在社会网络中，行动者之间联结密度和强度的增强，不仅可以填补结构洞，更可以让他们基于共同的目标、利益和认同，形成有机共同体。① 作为核心行动者，大湾区媒体需要强化对大湾区用户的认同召唤，为他们提供有力量的认同资源，并调动他们为之付诸行动的意愿。目前，大湾区媒体主要通过两种机制凝聚着区域共识。

文化参与机制，即媒体为用户提供文化内容和互动平台，同时吸引并调动用户创作媒介文本、传播媒介内容。大湾区在人文精神、风俗习惯、方言运用上彼此相通，并拥有着岭南文化这一共同的文化底色，面对这样的文化环境，大湾区媒体在内容经营和表现方式上更加贴近当地受众的习惯，也在尝试进行当地文化的创造性转化、创新性发展。例如，南方报业传媒集团上线了 N 视频 APP，主打华南范式的视频表达，APP 除了发布官方视频内容外，还邀请粤港澳地区的内容创作者入驻，基于大湾区社会生活制作粤语内容。此外，N 视频还发起了"说唱大湾区"真人秀，组织青年群体沉浸到大湾区城市进行说唱短视频创作，引导他们在共同价值取向的基础上，基于趣缘圈层创造文化内容。

情感卷入机制，即调动用户的共情，并引导用户参与情感劳动，以

---

① 张志旻，赵世奎，任之光，等. 共同体的界定、内涵及其生成——共同体研究综述 [J]. 科学学与科学技术管理，2010，31（10）：14-20.

产生共同的情绪价值。在新闻流通和消费的过程中，用户对于能够引发共情的内容往往会投入更多的情绪、调动更多的记忆并采取更为有效的实际行动。① 大湾区媒体便通过积极的故事讲述，为社会成员编织情感连带和意义网络，例如，为了更好地展现港澳青年在穗的奋斗拼搏精神，新花城客户端的频道开设了"港澳人在广州""大湾区新青年"等栏目，采访知名港澳企业家的成功故事，记录港澳创业者的心路历程，鼓励更多青年以开放、探索的心态拓宽就业地域和领域，参与大湾区发展。通过故事讲述和强化典型，穗港澳频道不断激发着港澳青年来穗创业的意愿，并为他们提供了付诸行动的平台。再例如，2021 年 4 月，中宣部宣布授予东江—深圳供水工程建设者"时代楷模"称号，以表彰他们为解决香港同胞饮水困难而付出的奋斗、做出的贡献。为了更好地宣传建设者们的先进事迹，读特客户端与人民日报客户端合作摄制并推出了视频《一滴水的故事》，邀请东深供水工程的首批建设者何霭伦讲述当年开山劈林、凿洞架桥的经历。视频通过互文式文本的植入，将工程建设的历史影像和深圳香港的现代化面貌穿插在一起，重构了粤港澳历史记忆的时空逻辑，视频上线后，在全网获得超过 3.9 亿次的播放量，为深港合作的历史增添了鲜活的注脚，更增强了饮水思源、爱国爱港的情感认同。

---

① 杨奇光. 技术可供性"改造"客观性：数字新闻学的话语重构 ［J］. 南京社会科学，2021（5）：118-127.

第四节　大湾区媒体融合的未来进路

当今媒体，已经不再仅仅是信息流通和交换的渠道中介，而变为连接社会关系、重组资源要素的结构性力量。大湾区的媒体融合是一项系统性工程，不仅服务于大湾区的一体化建设，也共生于全国的媒体融合生态。乘着大湾区建设的"东风"，大湾区媒体亟待进一步变革运营模式，优化动力机制，探索内外协同的融合进路。

一、深度聚合用户，打造大湾区社群平台

从微观的平台建设看来，媒体在运营过程中，要想真正提升影响力，必须对用户的关系网络进行整体强化，增强他们的互动频率、情感卷入、亲密关系与互惠交换。[①] 对于大湾区媒体而言，这意味着要经营并维护横跨大湾区城市的用户社群，重塑大湾区的人—媒关系和人—人关系。

首先，大湾区媒体需要进一步拓展服务功能。当前，各个大湾区城市已经推出了一系列互联互通的政策举措，大湾区媒体需要强化与政府资源的有效对接，为政务业务的跨城通办提供平台支持。同时，大湾区媒体还应以大湾区生活圈为核心场景，连接各地的民生资源和产业资源，在教育、医疗、金融、交通等垂直领域为区域用户提供服务。

---

① 麦尚文，张钧涵．"系统性融合"：新型主流媒体的社群驱动与传播生态建构［J］．现代传播（中国传媒大学学报），2021，43（6）：25-32.

其次，大湾区媒体需要不断创新内容形态。在大湾区的建设过程中，存在着无数新闻富矿，等待媒体去挖掘和呈现。大湾区媒体需要更加注重从单向度的"独白"，转向与受众的"对话"和"交互"，积极策划新媒体互动产品，让用户在参与式传播中深化对大湾区的理解和认同。①尤其，在全球社交媒体市场的"视频转向"趋势下，视听语言可以最大程度发挥传播过程中的情感卷入机制②，大湾区媒体可以尝试探索有效的新媒体视听传播形式，挖掘有共鸣的个体故事和情感故事，建构大湾区发展的价值正当性和文化感召力。

最后，大湾区媒体需要引导用户聚合。在服务资源对接和关系资源积累的基础上，大湾区媒体需要为用户提供社交空间，让用户彼此之间进行信息互动与分享。大湾区媒体可以从趣缘和业缘关系入手，找到粤港澳三地用户的共同连接点，引导他们依托媒体平台建立高频互动的社群，从而让大湾区用户打破区域限制，营造新的部落化、群属化的社会生活网络。这不仅有助于带动用户内容生产、凝聚用户关系价值，也为大湾区媒体探索新的商业模式提供了可能性。

二、深化合纵连横，构建中国特色区域媒体融合模式

从宏观的区域融合来看，大湾区已经开创了合纵连横的区域媒体融合结构网络：一方面，打破基于媒体级别的层级观念，让中央与地方媒体有机联系、良性互动；另一方面，突破大湾区媒体的形式边界，强化

---

① 田香凝，曾祥敏. 身份、能力与道德规范：声誉管理视角下的新型主流媒体建设 [J]. 中国出版，2021（14）：27-32.

② 栾轶玫. 视觉说服与国家形象建构——对外传播中的视听新话语 [J]. 新闻与写作，2017（8）：14-18.

彼此之间的资源交换与合作。在未来,大湾区需要继续深化合纵连横,保障和推进大湾区战略的全面实施,并为中国特色的媒体融合发展模式交出大湾区答案。

在合纵层面,大湾区媒体需要深化和中央媒体的纵向联动。当前,大湾区媒体与中央媒体尽管进行了多个层面的互嵌合作,但大多是围绕重大事件开展话题传播,在未来,其合作模式应超越项目制、活动式的短期合作,演化为常态化、机制化的长期协同。同时,大湾区媒体的合作对象也可以不局限在几大主流央媒,而着眼于各部委、机关主管的专业类、行业类央媒,转换利用其专业资源,在细分垂直领域深耕合作。

在连横层面,大湾区媒体也需要进一步再造信息生产流程、重构资源配置方式,不仅要打破城市间的空间限制,更要突破体制和行政区域限制,推进优质信息要素在大湾区的顺畅流动,并为大湾区一体化的社会服务提供平台保障。一方面,大湾区媒体需要在区域政策的支持下,进一步打通资源壁垒,实现大湾区信息的一次采集、多种生成、多元发布、跨域传播,让身处大湾区不同城市的用户,可以随时通过多种渠道掌握大湾区各地动态;另一方面,大湾区媒体也要积极利用该区域的新兴科技产业优势,深化与科技企业的合作,开发智能化的信息服务模式,实现公共信息的精准传播和精确反馈,在提升大湾区信息影响力和到达率的同时,构建智能化的社会服务空间。

第六章

国际战略展望：深度融合背景下我国主流媒体国际传播平台建设

从历史上看，党和国家历来重视主流媒体的对外传播能力建设。从革命年代到建设年代，从改革开放到中国特色社会主义新时代，主流媒体对外传播能力建设一直是党和国家的一项重要工作，随着时代的发展，我国主流媒体国际传播能力建设不断完善，体制机制越发成熟，尤其是党的十八大以来，从 2013 年 8 月 19 日，习近平总书记在全国宣传思想工作会议上发表的重要讲话到 2016 年 2 月 19 日，习近平总书记在党的新闻舆论工作座谈上发表的重要讲话，从 2018 年 8 月 21 日，习近平总书记在全国宣传思想工作会议上发表的重要讲话到 2019 年 1 月 25 日，习近平总书记在中共中央政治局第十二次集体学习时发表的重要讲话再到 2021 年 5 月 31 日，习近平总书记在中共中央政治局第三十次集体学习时发表的重要讲话，习近平总书记多次提到国际传播能力建设，并结合国内外媒体格局、舆论环境不断丰富完善国际传播能力建设的目标、路径、方法等。

当前关于主流媒体国际传播的研究主要聚焦于以下几方面：

首先，多数研究集中在对于主流媒体国际传播行动路线图的阐释。王润钰、胡正荣认为，全媒体建设、一国一策方案和精准化效果反馈是国际传播的关键环节。① 段鹏则从理念路径、技术路径、文化路径等方面描摹了国际传播的话语体系图景。② 还有学者分别从渠道重构、策略性叙事、网络化平台建设、关系资源聚合等角度探讨了主流媒体的国际传播策略。

其次，部分研究关注了主流媒体国际传播效果的考察与评估。汤景泰等借助社会网络分析法，分析了主流媒体在国际社交媒体平台上的传播数据，探究了其在整个传播网络中的结构位置。罗韵娟等考察了重要涉华议题的创新扩散模式，分析了主流媒体在其中的功能作用和影响力。③ 此外，也有学者尝试从主流媒体的角度对国际传播效果的评估体系进行建构。④

最后，一些学者也关注到了主流媒体在国别和区域传播方面的实践。邵培仁等基于新世界主义的分析框架，探讨了主流媒体在中亚地区的传播策略与核心议题⑤，王晓博分析了 CGTN 俄语频道的流程再造与产品供给。⑥

---

① 王润钰，胡正荣. 融媒体时代国际传播的新特点与新格局 [J]. 国际传播，2017，(5)：31-36.

② 段鹏. 当前我国国际传播面临的挑战、问题与对策 [J]. 现代传播（中国传媒大学学报），2021，43（8）：1-8.

③ 罗韵娟，王锐. 创新扩散视角下"一带一路"议题传播的社交网络分析 [J]. 当代传播，2020（1）：52-57.

④ 刘燕南，刘娟，王亚宁，等. 探寻海外华语观众的变化轨迹——基于央视中文国际频道 2013—2017 年海外观众调查的分析 [J]. 中国电视，2018（11）：62-68.

⑤ 邵培仁，沈珺. 中国中亚国际传播议题的拓展与深化——基于新世界主义分析框架 [J]. 当代传播，2017（6）：16-20，36.

⑥ 王晓博. 如何向俄语地区国家讲好中国故事——以 CGTN 俄语频道雄安新区报道为例 [J]. 中国报业，2019（22）：58-59.

总体而言，既有研究对于主流媒体国际传播的现状和进路有了颇为丰富的发掘，但少有研究将国际传播的动力机制与媒体融合的系统性工程进行真正勾连，也缺乏从主流媒体的主体视角进行实践观察与路径探索。后疫情时代，我国所面临的国际舆论环境更加复杂多元，主流媒体在国际传播的过程中遭遇了部分西方国家的系统性打压。与此同时，疫情也使得全球加速进入平台化时代，数字平台正不断渗透到人们的社会交往与日常生活中。面对着新的挑战与机遇，主流媒体要不断升维传播实践，以媒体融合的转型升级对接平台社会的全球语境，进一步提高国际传播的传播力、影响力和引领力。本研究旨在以一个内外结合的视野，探讨媒体深度融合背景下我国主流媒体国际传播平台的建设路径，这不仅有益于改善我国在后疫情时代的国家形象，也关系到重构全球网络交往生态和国际信息传播新秩序，为打造国际一流新型主流媒体提供工作思路和行动参考。

第一节　平台化发展：发挥我国媒体融合
外部效应的路径选择

人工智能、大数据、5G、物联网、区块链等新兴技术的快速发展，让数字平台逐渐演化为和交通、电力、通信相类似的社会基础设施，重塑着公众的日常交往，学者们将这一过程称为"平台化（platformization）"。尤其，新冠疫情推动了网络媒介在工作、生活和学习等核心场域的嵌入，也让各种平台成为国家治理体系的重要组成。在全球范围内，平台化都深刻影响着人类社会的组织形式、经济结构与文化形态。对于我国而言，平台化的转型趋势也与我国媒体深度融合的发展指向不谋而合。

　　一方面，后疫情时代的国际传播新形势，要求我国必须发挥媒体融合的外部效应，加快形成内宣外宣联动的新机制和新格局。作为一种连续性、系统性、综合性的媒介演进过程，媒体融合在我国具有独特的发展逻辑。2014 年以来，我国媒体融合战略首先着眼于内部效应，即推动传统媒体融合转型、巩固壮大主流思想舆论，从而发挥媒体在国家治理体系和治理能力现代化中的作用。随着融合进程的持续推进，我国进一步明确了要以全媒体体系建设为契机，将对内传播与对外传播作为一个有机整体统筹谋划。党的十九届四中全会提出，要构建网上网下一体、内宣外宣联动的主流舆论格局。① 习近平总书记在中共中央政治局第三十次集体学习时也指出，要理顺内宣外宣体制，打造具有国际影响力的媒体集群。② 在新冠疫情与信息疫情同步交织的全球话语新空间中，我国面对的国际舆论环境充满了不确定因素，更加需要构建全媒体对外传播体系，以媒体融合推动国内国际两个舆论场协调发展。

　　内部与外部也是指国际传播的环境和系统两个层面，一是作为环境的内外，即党和国家的国内宣传政策、宣传纪律和宣传惯例等内部宣传与外部国际传播的策略之间的协同；二是作为系统的内外，即国际传播系统内部传播的主体、渠道、内容和机制与社会政治、经济和文化系统之间的协同，以及同世界其他国家的各类系统之间的协同。从系统的开

---

① 中国共产党第十九届中央委员会第四次全体会议文件汇编 [M]. 北京：人民出版社，2019：45.
② 习近平在中共中央政治局第三十次集体学习时强调 加强和改进国际传播工作 展示真实立体全面的中国 [N]. 人民日报，2021-06-02.

放性、相似性和稳定性原理看，国内宣传和国际传播的信息流向正在逐渐融为一体，两者的结构功能边界越来越模糊。媒介融合是传播技术发展的规律，国际传播系统的内容、渠道、平台、经营、管理等各方面都要融合，融合就需要系统更加开放，开放就会带来更多摩擦和矛盾。竞争又协同是系统发展的动力，因此在处理国际传播内部与外部关系上，应当以共同协作、协调同步和合作互惠三层内涵为思路，为摩擦和矛盾定制出能够转化为机遇的具体策略。

另一方面，随着数字平台在全球信息流动、社会交往和文化实践中主导性作用的加强，推进媒体深度融合要具备平台建设的战略思维。如前文所述，在全球范围内，平台已经成为网络化社会的中介枢纽，它们连接起各种节点之间的关系链条，既为海量用户提供生产传播和交往互动的空间，又通过智能技术将内容和服务精准匹配到用户。习近平总书记曾提出"人在哪里，新闻舆论阵地就应该在哪里"[1]。平台在人们日常生活中的深度嵌入，促使中国特色的媒体融合需要主动树立平台建设的战略意识，在新的舆论阵地中塑造话语权。2020年，中共中央办公厅、国务院办公厅印发的《关于加快推进媒体深度融合发展的意见》指出，要做大做强网络平台，并要以开放平台吸引广大用户参与信息生产传播。[2] 国家政策对于"开放平台"概念的创新运用，也彰显了我国的新型主流媒体建设对平台化时代的积极回应。[3] 在国际传播过程中，

---

① 中共中央文献研究室．习近平关于社会主义文化建设论述摘编［M］．北京：中央文献出版社，2017：45-46.
② 中共中央办公厅国务院办公厅印发《关于加快推进媒体深度融合发展的意见》［EB/OL］．中国政府网，2020-09-26.
③ 姬德强，朱泓宇．传播、服务与治理：媒体深度融合的三元评价体系［J］．新闻与写作，2021（1）：25-31.

以平台思维推动主流媒体的融合转型，有助于打造关于中国的信息、关系和服务新入口，实现与多元主体在全球网络空间的互通互联。

在媒体深度融合的主观需求与平台化转型的客观趋势的共同影响下，"融合"的另外一种表述就是"平台化"，平台化发展成为发挥我国媒体融合外部效应的路径选择，是运用智能技术实现传播目的的重要手段。平台成为我国媒体融合发展的全新战略意识，也成为国际传播能力建设的新抓手，因此可以说，新时代我国媒体融合的核心目的就是解决如何搭建和掌控平台的问题。对于我国主流媒体而言，要深刻认识到平台逻辑为我国国际传播带来的机遇和挑战，通过搭建系统、高效、灵活的国际传播平台，调整内容服务供给、维系社群互动、动员多元主体讲好中国故事，从而融入全球平台生态中，并为协调世界传媒秩序和平衡全球传播格局贡献中国智慧。

第二节　我国主流媒体国际传播平台建设面临的挑战

面对全新的实践空间，我们要厘清数字平台的崛起对国际传播主体关系、权力结构和话语方式的影响，并检视影响我国主流媒体国际传播平台建设的内部问题与外部因素。

一、自主平台之间的协作困境

在平台社会语境下，单一的微平台系统可以通过彼此协作和连通构成一个更大的互联媒体生态系统。① 对于我国而言，全媒体对外传播体系的建构，不仅意味着单一平台建设，更意味着要打造互通互联的主流媒体平台集群，形成有机联系、共存共进的平台网络。近年来，通过改革重组和资源整合，我国不同级别的媒体机构陆续向"融为一体、合而为一"的目标转型，但在国际传播实践中，不同平台之间的融合效应尚未完全发挥。

从横向来看，当前我国主流媒体国际传播平台的协作程度较低，不同媒体机构之间还没有形成常态化的沟通协调机制，彼此的内容生产、信息传播、服务资源和关系积累并未完全打通。在我国国家政策的顶层设计下，我国各级别媒体机构都进行了内部重组和外部融合转型，但更多时候我国的各级媒体机构只是简单地拼凑在一起，而没有真正发挥融合效应，形成传播平台，在无处不在的网络空间中凝聚共识。一方面，这是由于我国媒体机构及其工作人员缺乏真正的媒体融合思维；另一方面，这也反映出我国传统媒体机构及相关从业者没有意识到平台战略的重要性，对国际传播新动能与新系统缺乏观察和体认。当前，我国面临着"信息疫情"盛行、西方国家意识形态偏见重燃的局面，这更需要主流媒体讲好中国故事。然而，部分主流媒体还存在着一个口径、一副面孔、自说自话、自娱自乐等问题，没有很好地与用户进行双向沟通。这样各自为战的情况，一定程度上限制了主流媒体国际传播平台从议题规划、受众识别、渠道分配到效果监测的全流程协同和全链条再造，有可能导致媒体资源的浪费和传播节奏的不一致，进而造成多头传播、重

---

① 何塞·范·迪克. 连接：社交媒体批评史［M］. 晏青，陈光凤，译. 北京：中国人民大学出版社，2021：22.

复传播、声量不强、音调不合。

从纵向来看，在我国的四级媒体融合格局中，国际传播主要由中央级主流媒体平台领衔，却没有充分激活地方媒体平台的传播效能。事实上，一些地方媒体具有突出的地缘优势，例如，广西壮族自治区与东南亚国家有密切的经济往来和文化互动，新疆维吾尔自治区与多个中亚国家山水相连、风俗相近，当地媒体在国别和区域传播方面比中央媒体更具接近性和亲和力。此外，中国大地上蕴藏着能够引发全球共情故事富矿，例如，在云南亚洲象群北移事件中，中央媒体便联动云南省委宣传部，持续向全球推播大象迁徙"连续剧"，把一起偶发的动物迁徙事件转化为中国生态文明故事的生动讲述。但整体而言，无论是地方媒体参与国际传播，还是央地媒体联动进行对外报道，相关的成功案例依旧寥寥，在我国对外传播体系建构过程中，地方媒体的力量尚未获得较好开发。伴随着我国综合国力与国际地位的不断提升，中国在全球舞台中的影响力和曝光度也不断增多，我们需要垂直整合各层级的中国平台，让各级媒体有机协作，形成一个多元多级的平台化矩阵，这样才能系统有效地提升中国的国际传播能力，让中国更好地参与全球化进程。

二、海外平台网络的嵌入障碍

媒体融合不仅是媒介形态的整合升级，也意味着融合后的媒体平台会催生新的交互关系和网络结构。在以 Twitter、Facebook 等为代表的国际传播平台中，各类社会网络相互重叠和互动，形成了复杂的信息交流图式，我国主流媒体也在通过账号入驻的方式，尝试编织属于自己的网络集群。然而整体而言，在海外社交平台的传播网络中，我国主流媒体的嵌入程度依旧不高，尚未真正构筑起中国话语在场的国际传播格局。

一方面，我国主流媒体海外账号的互动行为和对话意识仍不强，对平台信息流的影响较为有限。尽管主流媒体在积极表达中国立场和观点，但由于没有充分带动多元用户的持续发声与对话，导致主流媒体话语往往沦为单声语篇的自我重复，很难真正推动共享意义（shared meaning）的建构。虽然我国主流媒体也在尝试在海外社交平台中"发起对话"，但由于互动意识不强、信息反馈渠道不畅等原因，很难实现真正有效的用户对话。主流媒体与海外受众间的沟通内容依旧欠缺可读性和可亲近性，往往只作为信息发布的"广播台"或"电子黑板"。多项研究显示，主流媒体账号在发起用户对话、维系用户在场、吸引用户访问等方面的表现还有所欠缺[1]，同时，其与重要意见领袖的沟通互动频次较低，难以形成以主流媒体为核心的意见子群。

另一方面，主流媒体账号针对用户的智能化、个性化、垂直化信息服务不足，账号内容的亲近性和交互性还有待提高。面对社交平台所建构出来的算法式社会交往场景，媒体账号的内容生产和传播也需要持续因应平台的进化，运用智能技术触达并影响分众化用户。[2] 根据传播目标的不同，主流之中存在着内外传播不平衡、渠道发声不一致等问题，这归根到底是由于我国主流媒体没有将中国形象传播与塑造作为最终的传播目标，而只着眼于零散的、临时的或者单一的传播任务，没能真正发挥主观能动性，观照所有利益相关者的感知，将长期的、面向社会公

---

① 周翔，户庐霞 . 我国主流媒体 Twitter 账号对外传播的对话问题分析 [J]. 现代传播（中国传媒大学学报），2019（6）.

② COULDRY N. Mediatization or mediation? Alternative understanding of the emergent space of digital storytelling [J]. New Media & Society，2008（3）.

众的形象建构目标整合进媒体战略规划中。我国主流媒体在海外社交平台上大多延续着一对多的大众传播模式，对用户行为偏好的洞察分析还不深入，依托用户日常生活场景进行内容生产和垂直服务的行为更不普遍，这也限制了主流媒体账号与海外用户的关系连接和社群巩固。

三、算法偏见与信息地缘政治的结构性影响

需要指出的是，平台并非中立的“线上内容中介”，而是蕴含特定价值偏向与价值规范的技术人造物（technological artifact）。因此，除了检视主观问题外，主流媒体的平台化发展也需要充分考虑国际信息传播秩序的客观影响。

微观而言，平台算法的生产逻辑决定了信息的可见程度，进而影响了主流媒体在海外平台的议程设置效果。多项研究证实，在公共事件和国际新闻报道中，“共鸣”是主导性的议程转移方式，即主导性的观念不仅对于公众的影响力更大，对于其他国际的媒体机构也有着较强的议程设置效果。因此，有影响力的国家在不断通过媒体的议程设置来制造公司，深刻影响着公众“想什么”以及“怎么想”。这也会导致不同国家和地域的报道不平衡，并形成了信息地缘政治目标。在如今智能传播时代，国际社会中的新闻报道不平衡依然存在，有影响力的国家议程设置效果依旧强大，这体现在社交媒体平台中基于算法排序话题的可见与不可见。可见性（visibility）原本探讨的是人或事物能否被看见以及如何被看见的问题，约翰·汤普森认为电视等媒体将掌握权力的少数人放

置在大多数群众眼前，使个体的可见性越来越受到媒介的中介化影响[1]，丹尼尔·戴扬则基于对社交媒体的研究进一步指出"媒介是赋予事件、个人、群体、辩论、争端、叙事等可见性的机构"[2]。传统媒体时代，大众传媒是公共注意力的权威管理者，而到了算法传播时代，拥有算法技术的互联网平台定义信息可见性的权力越来越大。不同社会结构孕育出来的平台，会基于自身的商业利益或意识形态需要，开发出不同的分类、筛选、过滤、推荐模式，对全球信息流进行隐性把关。

宏观层面，全球平台系统延续着国家之间的博弈与竞争，主流媒体的平台化发展必须面对信息地缘政治带来的传播结构不平等问题。从全球传播现状来看，互联网空间早已背离了最初理想化的全球主义属性，而渗入了地域权力和地缘政治因素。随着国家之间信息边界的日益凸显，信息地缘政治逐渐出现。地缘政治原本是国际关系中的概念，它是根据国家间的地理要素和政治格局来区分不同的地域形式，强调主权国家基于特定地域资源进行的竞争与博弈。信息地缘政治则是在网络空间中展开的国家博弈，国家之间在不断争夺信息权、数据权、科技权等资源，并努力驾驭网络。范迪克曾指出，如今有美国和中国两大平台系统在崛起，各自体现了其所处的社会经济结构与文化环境。[3] 两种平台系统在扩张过程中，既在信息、数据、用户和技术层面进行着争夺，更经历着国际话语权与价值观的博弈。例如，2020 年以来，美国政府相继

---

① THOMPSON J B. The media and modernity：A social theory of the media ［M］. Stanford：Stanford University Press，1995：128-129.

② DAYAN D. Conquering Visibility，Conferring Visibility：Visibility Seekers and Media Performance ［J］. International Journal of Communication，2013（1）.

③ 姬德强. 数字平台的地缘政治：中国网络媒体全球传播的新语境与新路径 ［J］. 对外传播，2020（11）.

对 Tiktok、微信等中国互联网平台进行强购和打压，并游说他国下架中国应用软件，这都体现了以争夺信息权力为核心的地缘政治逻辑。可见，在不稳定、不平等的全球信息传播秩序中，我国主流媒体要想通过平台建设在全球范围内扩展自身声量，实现对海外市场的输出，可能会遇到更加多元、复杂的风险。

第三节　我国主流媒体国际传播平台建设的进路探索

综合国际传播的机遇与挑战，我国主流媒体亟待运用媒体深度融合与平台化趋势的合力，在战略架构层面进行平台格局的统筹与设计，在内容服务层面形成与多元用户的高效对接，在关系网络层面凝聚以主流媒体为核心的社群生态，构建出内外联动、高度协作、共塑影响的媒体融合系统，为我国国际传播开辟新的发展路径。

一、平台搭建与延伸

发挥平台效能、加强国际传播能力建设，既要做大做强自主可控的主流媒体国际传播平台，又要积极借助在全球范围内有着广泛用户基础的互联网平台，实现主流媒体平台体系的搭建与延伸。

在自建平台方面，要进一步激发我国全媒体传播体系的能量，规划层级分明、目标明确、对象聚焦的主流媒体国际传播媒体平台集群，形成全球化与区域化协同互补、合纵连横的平台网络。

具体而言，在连横层面，身处国际传播前线的中央级主流媒体要打通资源壁垒、再造信息生产流程，实现中国故事的一次采集、多种生成、多元发布、跨域传播，协同开展议程设置和议题管理，推进优质涉华内容在不同平台的流动和转化；在合纵层面，要深化央、省、市、县四级媒体的纵向联动，发挥区域主流媒体在国际传播中的地缘优势和区位特点，通过央地合作挖掘并传播中国故事，向分众化受众展示更具亲和力的中国形象。更为重要的是，面对美国主导的不均衡的技术政治格局，主流媒体要努力孵化基于自主算法的新型互联网平台，通过自建生态的方式来吸附并留存属于自身的海外用户，并在数据积累的基础上掌握数据的控制、处理、发布、解读和传播。只有不断推进自主平台建设，才能推动涉华信息流动的广度、深度和速度，提升关于中国的多元内容在网络空间中的可见性，从而对抗信息垄断与文化霸权。

在入驻平台方面，要把握不同平台系统的运营规则、内容特征和调性差异，调整主流媒体海外账号的嵌入模式，以适应不同海外平台的需求逻辑、技术体系和治理样态，从而实现与更广泛用户的深度连接，助推主流媒体影响力的延伸与落地。

大致来说，我国主流媒体要积极接轨并深耕以下三类海外平台。其一，美国互联网巨头开发的海外社交平台，这类平台孕育于美国主导的数字资本主义时代，有着原生态的国际用户基础和社交网络，主流媒体对于这类平台要采取先依附后主动的嵌入策略，有针对性地调整话语方式和互动形态，积累多元社会资本并在平台场域进行转化。其二，中国企业开发的海外社交平台，以 TikTok 为代表的这类平台已经凭借其经济、技术和文化资本形成了对海外市场的逆向扩散①，我国主流媒体要提高在这类平台的活跃度，这将有助于开拓公共传播新渠道，寻求国际舆论的突破口。此外，近年来中国开发的网络游戏、网络音乐平台也频频出海，彰显出新的文化传播潜力，主流媒体也可以尝试与这些垂直领域的自有平台合作布局，发挥国际传播的长尾效应。其三，其他国家和地区开发的区域化社交平台，通过在欧、亚、非等国家市场开展分区域、分主体的平台合作，不仅有助于主流媒体触达分众用户、开展跨文化对话，也有助于打破美国平台系统基于细分市场的寡头垄断。

二、平台内容模态创新

媒体融合带来的技术生态和媒介形态变革，为中国故事的生产和传播提供了新的动力。无论是自建平台还是入驻平台，主流媒体都应将智能技术嵌入到内容生产过程中，根据不同平台的话语模式与数字实践系统进行内容的选择、加工、分发，提升内容可供性，回应用户的多元关切和信息需求。

在内容选择与数据分析环节，主流媒体要注重通过动态数据的挖掘，来进行议题的设置、元素的提取以及"内容池"的打造。主流媒体不仅要基于用户的跨文化背景、LBS定位、兴趣偏好、搜索历史、内容发布信息等画像数据，还要了解用户当下的动态情境数据，如不同位置下使用意图的变化。首先，主流媒体要实时捕捉平台用户的公开数据，将隐匿在海量数据源（社交数据、交易数据、搜索数据、聚合数

---

① 张志安，潘曼琪．抖音"出海"与中国互联网平台的逆向扩散［J］．现代出版，2020（3）．

据等）中的大规模用户行为汇总并分类，构成多元化的用户群数据，成为用户的信息"仿像"，洞察他们的文化模式、日常关切以及关于中国元素的印象和态度，在此基础上对海量用户进行分类画像，构成对于不同群体的基本认识，为中国故事的分众化传播奠定基础。其次，主流媒体要建立传播效果实时监测机制，对用户的在线时长、评价、搜索甚至播放快进快退等平台行为进行采集收集，客观地获取到异域用户对主流媒体内容传播的反馈评价，进一步完善用户的兴趣图谱，实施针对性的"反馈式创意"也成为新一轮故事再创作与再传播的靶向资源，在源源不断的信息参考和创意来源中构建起异域用户群的需求图谱，推动中国故事的自我修复和自我进化。值得一提的是，当今媒介环境，放大了国际受众对故事性和情感性因素的需求[1]，在此趋势下，主流媒体可以对跨文化 UGC 内容进行实时捕捉，动态感应文化体验和态度的更迭，进而发掘有益的故事线索，运用数据分析技术对优秀视听作品中的符号元素、情绪弧线、故事模型进行识别和学习，形成操作性强的参考指标，从而更好地创作能够打动受众的海外传播内容，提高平台用户的卷入程度。

在内容加工与信息分发环节，主流媒体亟待开拓智能技术的积极潜能，探索高效率、大体量的内容传播模式。在移动设备、社交媒体、大数据、传感器和定位系统的支撑下，故事可以跨地域、跨阶层、跨语言精准触达不同场景、个性化不同的受众，并基于用户需求形成"伴随式服务"。这一过程中，场景是重构传受关系的节点，在多重场景的复调传播中，既可实现分众化的故事传递，又助力于提升中国故事的多样

---

① 高金萍. 中国国际传播的故事思维转向［J］. 中国编辑，2022（1）.

性和亲和力，进而提高中国故事在跨文化场景的落地率。此外，作为一种模仿人类表达的自动化账号，社交机器人（Social Bot）已被广泛应用于国际议题传播中。当前学界研究大多对社交机器人持阴谋论的负面态度，认为它被用于操纵和干预公共舆论，但从技术"善用"的角度来看，社交机器人有助于促进协商对话、纠正算法偏见、破除过滤气泡。① 因此，主流媒体可以尝试针对不同平台开发更具包容性、公共性和客观性的社交机器人，探索人机协同的内容分发系统，具体发力点包括：基于平台用户的动态数据，通过社交机器人打造定制化的用户沟通策略，使涉华信息更具亲和力和感召力；训练智能机器人的跨文化能力，让它们运用自然语言处理技术对跨文化信息进行高效传译，帮助中国故事在不同区域、国家和群体中快速落地；针对关于中国的偏见信息和虚假言论，开展社交机器人的"反向"计算宣传，向平台意见网络中精准提供更加客观、异质、符合公共利益的观点，构建关于中国的积极意义空间。

三、平台社群生态建设

媒体融合不仅意味着组织调整、技术升级和内容创新，也意味着要与用户建立全新的互动关系。② 在不断融合的多元平台上，各种传播主体之间的关系建构逐渐变为基于趣缘、认同和文化惯习的聚合，形成了

---

① 郭小安，赵海明. 作为"政治腹语"的社交机器人：角色的两面性及其超越 [J]. 现代传播（中国传媒大学学报），2022 (2).
② 彭兰. 网站经营：从"内容为王"到"关系为王"[J]. 信息网络，2010 (5).

"社群"这一结构形式。① 在此背景下，主流媒体必然要将社群要素纳入国际传播平台建设中，打造社群网络、强化社群关系、匹配社群需求、凝聚社群共识，从而更好地嵌入海外社群生态中。

一方面，主流媒体要探索更加多元的平台化服务，增强与社群成员的互信互惠，重构"人—媒"关系。基于平台社会的语境，为加强我国主流媒体在海外社交平台的国际传播能力，主流媒体除了坚持坚守格调和培育媒体公信力之外，还应该把握平台思维，放眼全球受众，强化受众连接和互动，回应海外用户关切。同时，在坚持品格、政治立场原则下，以更个人化、平等化方式与海外用户交流，塑造更具当代性、人文性和复杂性的中国价值观。社会信任理论认为，信任资本的积累会影响关系的强度，因此需要动态掌握并及时满足社群成员的各类需求，增进互动和信任。尤其在平台化时代，大数据、移动设备、社交媒体、传感器和定位系统的出现进一步激活了用户的媒介需求，让场景适配成为媒体服务的核心目标。② 基于此，主流媒体在国际传播平台建设过程中，要盘活自身的线上线下资源，积极根据海外用户社群所处场景界面，有针对性地开发社区资讯、数据查询、政策解读、外事办理等垂直服务功能，满足他们不同场景中的多样化需求。

还可以尝试与地方媒体机构加强合作，共同开发地方关系网络，提升平台的社区服务能力和本土价值链的对接水平，从而强化媒体与海外受众之间的信任关系。

---

① 刘明洋，李薇薇. 社会集合、过渡媒介与文化形态——关于传播圈层的三个认知 [J]. 现代传播（中国传媒大学学报），2020（11）.

② 喻国明，梁爽. 移动互联时代：场景的凸显及其价值分析 [J]. 当代传播，2017 （1）.

另一方面，主流媒体需要培育并联结各类意见领袖，促进人格化的对外传播，强化社群成员之间的"人—人"关系。意见领袖是平台传播中的重要影响中介和过滤环节，他们往往在某一垂直领域中有着长期积累，并深耕于特定的社群圈层中。一项针对国际社交平台的实证研究发现，意见领袖在涉华内容的国际传播过程中扮演着重要角色，有助于扭转对华偏见、破除刻板印象。① 可见，更好的观赏体验和更合适的时长是内容获得用户关注和平台推荐的主要优势，而助推流量明星是打造注意力经济和实现网络社群文化共建的重要手段。主流媒体要发掘、孵化、培育并联合不同平台社区中的意见领袖，采用多种机制鼓励媒体从业者、跨文化网红、专家学者、留学生、国际友人等多元传播主体参与平台内容生产中，他们可以凭借个体身份融入不同社群，并在互动对话和交往分享中向海外用户展示多元真实的中国，更好地凝聚"人—人"关系，进而影响受众认知。在此过程中，主流媒体将与各类传播主体一起打造关于中国的阐释共同体（interpretive communities），围绕着共同的价值认同协力建构多元的叙事文本和内容形态，优化官方话语主导的对外传播结构。②

小 结

面对世界百年未有之大变局和不断迭代的媒介技术环境，我国国际传播的推进基点在变化，思维逻辑和实践路径也在不断调整。然而，无论参与国际传播的主体如何多元，立场问题和阵地意识都是国际传播的

---

① 杨奇奇，李本乾. 国际社交媒体涉华内容传播机制研究［J］. 中州学刊，2019（9）.
② 王沛楠. 从国际传播到战略传播：搭建中国故事的阐释共同体［J］. 现代视听，2021（8）.

根本问题，在这个前提下，主流媒体依然是国际传播能力建设的主力军。

主流媒体融合转型升级，打造国际一流新型主流媒体，不仅仅是国际传播的重要问题，其首要面向是我国各级主流媒体的做大做强，具备强大的传播力、引导力、影响力和公信力。因此，媒体融合战略和国际传播这两个目标是双向并行。媒体融合转型是主流媒体整体提升的路径，国际传播是主流媒体转型升级的具体目标和战略重点。如何探索内宣外宣联动路径，在守正创新的融合发展中，针对性地解决国际传播中的平台、内容等提升问题，利用媒体融合改革创新成效促进主流媒体国际传播效能提升，是本课题期待解决的重点和难点。

平台社会的到来为中国国际传播能力建设提供了新的契机和传播场景，也对我国网络对外传播的战略与路径选择提出了新的要求。虽然互联网平台能够扩大国际传播主体的范围和中国故事的可见性，但并不意味着所有传播主体在平台上具备同等的传播能力。规划和完善中国网络国际传播战略，需要更好地把握平台逻辑和平台社会语境，而不能仅仅把平台视为一种新增的传播渠道。

"这是一个需要理论而且一定能够产生理论的时代，这是一个需要思想而且一定能够产生思想的时代。"① 中国国际传播实践已经大踏步地走进数字时代了，在百年未有之大变局之际，中国的发展也是世界的机遇，中国国际传播必须承担起时代的责任。本研究认为，在媒体融合国家战略与数字平台全球崛起的共同作用下，推进主流媒体国际传播平

---

① 新华社.习近平：在哲学社会科学工作座谈会上的讲话（全文）[EB/OL].新华网，2016-05-18.

台建设，既是发挥媒体融合外部效应的应然之势，也是提升国际传播效能的必然选择。在此过程中，平台搭建是基础，主流媒体要通过自主平台的打造和入驻平台的延伸，完善自身的平台基础设施结构，嵌入并优化全球的平台系统格局；内容供给是保障，主流媒体亟待基于数字平台探索智能化的内容生产与分发模式，提升中国故事的触达效率与传播效果；社群凝聚是关键，主流媒体应当通过社交圈层的融入，促进与用户的广泛连接和交流互动，并构建基于社群的信任关系与意义共识，有效衔接国际舆论场域。

下 篇

03

前沿实践：
全媒体融合转型的"四大动能"支撑

第七章

功能变革：主流媒体参与精准扶贫的功能创新与共同体建构

　　主流媒体精准扶贫，即将主流媒体作为扶贫开发的重要平台和纽带，借助其力量来整合各类资源，带动贫困地区的发展。关于主流媒体精准扶贫的研究，学界的探讨主要集中在扶贫新闻话语、扶贫理念转型和创新手段应用等方面。例如，李红艳从发展传播学的角度出发，提出主流媒体应当通过改善扶贫话语建设新的扶贫文化。[①] 马梅通过对主流媒体记者驻村调研采访的研究指出，记者在扶贫过程中既充当着瞭望者角色，也是参与者和行动者，这是马克思主义新闻观的体现和深化。[②] 童云则从直播带货入手，强调这一形式能够发挥公益推介、舆论引导和社会应急治理的多重作用，是广播电视公共服务体系优化升级的体现。[③]

---

① 李红艳. 如何建设媒介扶贫信息传播的新话语 [J]. 中国记者，2016 (4)：75-76.

② 马梅. 马克思主义新闻观的体现与深化——驻村调研采访型扶贫报道的意义与记者角色 [J]. 编辑之友，2018 (5)：81-87.

③ 童云. 广播电视公共服务的转型升级——以中央广播电视总台直播带货、主持人 Vlog 等融媒体实践为例 [J]. 中国广播，2020 (5)：54-57.

　　学者们为主流媒体的精准扶贫实践提供了较为丰富的研究视角，但这些研究多数为静态描述和解读，相关探讨停留在媒体业务层面，却忽视了主流媒体精准扶贫是政府、媒体、市场、社会和被帮扶对象等多元主体良性互动的事实，缺乏从整体系统的角度思考各参与主体的互动关系和行动逻辑。事实上，随着媒体融合的纵深发展，主流媒体在我国社会治理的结构中发挥着越来越重要的作用，它们既参与国家现代化建设，也与其他社会力量搭建多元社会网络，形成了共生共在的共同体。

　　社会网络是一种结构主义的研究视角，它将社会系统视作一个依赖性的联系网络。以格兰诺维特为代表的社会网络学者认为：行动者并非原子式地游离于社会联系之外，而是嵌入在正在运转的社会关系中，[①]在这个关系网络中，主体之间会进行能量传递和交互生成。[②] 社会网络的最理想形态，就是形成一个有机共同体，各成员能够基于共同的目标、利益或认同，通过共同参与或合作关系而长久聚合、彼此维系。[③]

　　本章从社会网络的视角出发，对主流媒体的精准扶贫模式展开研究。在该视角下，主流媒体与其他扶贫主体进行合作、交换和资源流动，最终构成了一个以主流媒体为核心的相对稳定的精准扶贫共同体系统。下图为主流媒体精准扶贫的模式结构图，本章将在接下来的部分对此进行进一步的阐释与解读。

---

① 臧得顺. 格兰诺维特的"嵌入理论"与新经济社会学的最新进展［J］. 中国社会科学院研究生院学报, 2010（1）: 108-115.

② 黄志辉. "嵌入"的多重面向——发展主义的危机与回应［J］. 思想战线, 2016, 42（1）: 96-104.

③ 张志旻, 赵世奎, 任之光, 等. 共同体的界定、内涵及其生成——共同体研究综述［J］. 科学学与科学技术管理, 2010, 31（10）: 14-20.

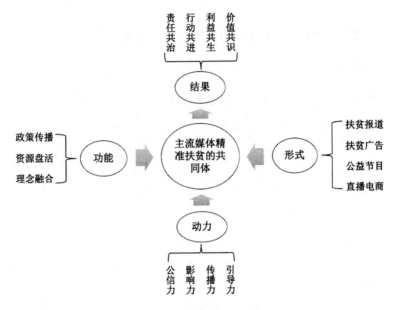

图7.1　主流媒体精准扶贫的嵌入式共同体模式结构图

第一节　主流媒体精准扶贫的形式创新与功能特点

随着媒体融合实践的力度、广度和深度不断拓展，主流媒体在社会治理过程中发挥着多层次、多阶段、多维度的功能，带来了"治理媒介化"这一全新表征。① 在扶贫治理的议题上，主流媒体的实践形式也在不断创新，并呈现出了新的功能特点。

---

① 朱亚希，肖尧中. 功能维度的拓展式融合——"治理媒介化"视野下县级融媒体中心建设研究 [J]. 西南民族大学学报（人文社科版），2020，41（9）：151-156.

一、政策传播：媒体议程与政策议程的互动配合

主流媒体在国家治理结构中承担着上情下达、下情上传的关键作用，主流媒体可以通过扶贫传播来配合政策议程，让扶贫政策的制定、表达、实施、反馈、优化更精准地嵌入到扶贫过程中。

首先，主流媒体的报道可以与扶贫政策实现时空互动。在时间上，我国对精准扶贫的工作模式进行了一系列制度安排，伴随着脱贫攻坚的持续深入，以及全面建成小康社会收官之年的到来，主流媒体的报道情况也在不断配合着政策推进。除了政策宣传和精神传达外，主流媒体也因时因势地对扶贫政策进行精细化解读，通过落地情况、脱贫进展、成果梳理等内容，呈现出精准扶贫政策的时间连续性。在空间上，中西部一直是我国经济发展较落后的地区，也是扶贫政策的实施重点，进入21世纪后，我国贫困人口分布已经从大而集中转化为小而分散，为了更好地瞄准贫困人口，我国在2011年颁布了《中国农村扶贫开发纲要（2011—2020）》，在中西部进一步划分出了十四个连片特困区域，并开始推进村级扶贫政策。我国主流媒体的报道，也在空间聚焦上与之相对应，不仅对中西部省份的扶贫工作给予了更多关注，也通过典型人物报道、乡村纪实描写，呈现出精准识别、精准帮扶的"扶贫到户"工作制，呼应了精准扶贫政策的空间差异性。

其次，主流媒体可以运用融媒体技术实现扶贫政策的创新扩散。除了常态化的传统新闻报道，融媒技术也已被广泛应用于主流媒体实践，构建着包含电视台、互联网、新闻客户端、社交平台和视频平台的多元复合传播体系，生产着视频、图片、文字、H5、短视频等多种形式的

融媒体产品，实现了扶贫产品的多元立体推广。央视网曾推出融媒体产品《那些年，习近平走过的扶贫路》，动态展示了总书记自 2012 年以来深入走访的贫困乡村，页面中既有时间路径又有空间版图，融合了文字、视频、动画等全息呈现方式，对精准扶贫政策在全国的实施与落地进行了立体呈现。

最后，主流媒体可以对扶贫政策进行效果反馈和评估优化。在扶贫政策施行过程中，主流媒体要协调自上而下的宣传和自下而上的反馈，为政府和帮扶对象提供交流场域，实现政策互动。中央电视台《扶贫周记》《绝不掉队》等节目，便是通过深入扶贫一线，来发现、解决脱贫攻坚中的问题。《扶贫周记》曾讲述过广西龙邦村的故事，当地政府出资为山区村民建设了易地搬迁安置楼房，但部分村民却因为种种顾虑不愿搬离，记者在当地进行了一年多的蹲点拍摄，和扶贫干部一起进行摸排和动员，一一落实了村民的旧房处理、子女教育、生产生活等政策细节。

二、资源盘活：整合各方资源，调动多元主体

2018 年 10 月 23 日，习近平总书记在广东考察时指出："产业扶贫是最直接、最有效的办法，也是增强贫困地区造血功能、帮助群众就地就业的长远之计。"主流媒体在产业扶贫中扮演着重要角色，其核心在于借助主流媒体的传播优势，将外部的市场、技术、组织等多方资源嵌入到贫困地区的社会发展中，带动贫困地区立足地方特色开发相关产业，建立一套完整的经营方式和产销链条，进而实现脱贫致富。

在市场资源嵌入方面，主流媒体广告扶贫是一种典型方式。中国广

播电视总台发起的"广告精准扶贫"项目，便是将主流媒体的广告资源分配给脱贫攻坚任务较重地区，总台会免费播出贫困地区农副产品的公益广告，观众只需扫描广告画面中的二维码就可以跳转至购买平台进行下单，这不仅加速了产销精准对接，也带动了当地种植、生产、加工和运输业的发展。广告扶贫在强化贫困地区和外部市场关系连接的同时，也将总台的剩余广告资源有效盘活并进行公益赋能，提升了媒体的社会效益。

在技术资源嵌入方面，随着互联网信息技术的发展，主流媒体已经搭建出面向用户的智能传播平台，形成了多屏互动的传播体系，视频的商品展示能力和及时反馈效果不断提升，让短视频和电商直播成为创新扶贫的新风口。例如，江苏广播电视总台便依托于荔枝新闻客户端，推出了融媒体产品"荔直播·我为你而来"，将电视报道、网络直播和电商销售有效融合，在报道脱贫故事的同时，组织当地农户和主政者为扶贫产品直播带货，客户端的用户既可以浏览新闻报道，也可以切入直播频道，通过在线互动下单扶贫产品。再比如，贵阳市县两级融媒体中心，合作推出了"助农团团"营销直播间，整合了一支来自短视频平台的网红带货队伍，通过两级传播矩阵推荐当地农产品。

在组织资源嵌入方面，主流媒体也在激发各类社会组织的行动力量，将涉农企业、公益机构、互联网电商、金融公司、物流企业、高等院校协调凝聚到一起，形成具备共识、多方发力的扶贫联盟。例如，东方卫视的精准扶贫公益节目《我们在行动》，就联合企业家、农科专家、基层政府和明星艺人共同完成扶贫任务，将扶贫产品的选品、研发、生产、推广的全过程纪实呈现，为受众提供在场感的同时，也带动更多人参与扶贫工程中。

三、理念融合：启民智，唤责任，实现共享发展

在精准扶贫工作中，除了政策制度保障和多元主体支撑，脱贫攻坚的深层逻辑在于理念上的融合。主流媒体通过对帮扶对象和扶贫主体的精准化引导，为扶贫网络的关系建构增加黏结剂。

对于帮扶对象而言，主流媒体发挥着理念赋能的作用。在外部力量深度嵌入贫困地区之前，当地的文化场域是相对闭塞的，布迪厄曾指出，场域形塑惯习①，这意味着群体会在某一场域中建立集体性的生活态度、行为方式和心理定式。贫困的乡村社会尽管保留了一些好的乡土习俗和作风，但也容易滋生"等靠要""庸懒散"的消极价值观，造成"愚"和"穷"的恶性循环。扶贫要先扶志，主流媒体可以帮助贫困群众摆脱思维上的依赖帮扶、不求变通，提升他们的自我发展能力，开发致富智慧。例如，海南卫视推出了《脱贫致富电视夜校》，节目结合了政策普及、技术讲解、经验介绍和思想教育，并随之开通了服务热线，为贫困群众提供了一个学技术、卖产品、找信息、解困惑的学习服务平台，也让他们通过集中学习激发脱贫的意愿和志气。

对于扶贫主体而言，主流媒体则发挥着责任召唤的作用。召唤是一个动态的心理过程，可以推动个体达成意愿和意向。② 责任召唤则是让社会成员产生履责意愿并付诸行动，从而形成认同感、使命感和满足

---

① 皮埃尔·布迪厄. 实践与反思：反思社会学导引［M］. 华康德，译. 北京：中央编译出版社，1998：172.

② DUFFY R D, SEDLACEK W E. The presence of and search for a calling: Connections to career development［J］. Journal of Vocational Behavior, 2007, 70（3）：590-601.

感。我国高度重视形成社会合力对脱贫攻坚的重要作用，并呼吁各种行业力量和社会力量参与这件关乎国计民生的大事。主流媒体通过强化典型、表彰鼓舞、凝聚关系，不仅唤起了各方扶贫主体的社会责任意愿，还为他们提供了付诸行动的平台。央视电影频道发起的"脱贫攻坚战——星光行动"，由电商企业京东冠名，联合影视明星一起帮农产品打通销路，在企业践行社会责任的同时，也将明星流量转化为扶贫产品的关注度，是一种更具正能量的文化实践。

主流媒体理念引导的最终归宿，便是让扶贫网络结构中的所有成员形成共享发展的共识。共享发展是中国经济社会发展的理想状态，通过共同建设、共享成果，可以让所有社会成员构成一个统一的有机整体，实现共同富裕的目标。① 主流媒体通过启发民智、呼唤责任，让帮扶对象具备积极脱贫的志气，让扶贫主体具备参与扶贫的动力，在共建共享中释放更多能量。

第二节　主流媒体精准扶贫的动力因素与效应发挥

在社会网络中，网络成员的联系越紧密，成员之间的依赖程度便越高，不仅彼此不可替代，也不会退出和离开。② 通过政策、资源和理念的嵌入，主流媒体和帮扶对象以及其他扶贫主体产生了一系列交换与合

---

① 刘武根，艾四林. 论共享发展理念 [J]. 思想理论教育导刊，2016 (1)：91-95.

② PFEFFER J, SALANCIK G R. The External Control of Organizations：A Resource Dependence Perspective [J]. Social Science Electronic Publishing, 2003, 23 (2)：123-133.

作的社会联系，他们共同构成了主流媒体精准扶贫的关系网络。在这一网络中，主流媒体以自身的公信力、影响力、传播力和引导力为动力，调动、联结着多元主体，促进着彼此的互信、互补、互惠、互利。

一、以公信力推动责任共治

随着经济社会的发展，我国大量社会事务难以全部依靠政府解决，需要多元主体与政府进行协同治理。在扶贫治理领域，我国也从"救济式扶贫""开发式扶贫"向"参与式扶贫"演进，各方社会成员的主动性被充分调动，共同为脱贫攻坚贡献着力量。而主流媒体由于其天然的公信力，在扶贫工作中担负着搭建合作网络、促进沟通对话、落实监督问责、均衡各方利益的公共职责。

首先，主流媒体以公信力维护报道真实。随着互联网的发展和市场化新媒体的兴起，信息传播的路径和形态愈加多样，但部分媒体平台在信息生产过程中片面追求流量，造成了虚假新闻、扭曲报道层出不穷。可靠的事实是受众对媒体信任的基础，主流媒体通过深入扶贫一线，真正反映出帮扶对象的生活现状、扶贫政策的执行进度、外部资源的嵌入情况，并对扶贫过程中的问题和症结进行精准监督，在承担主流媒体责任的同时也强化了公众的信任。

其次，主流媒体以公信力担保扶贫产品质量。上文提到，主流媒体通过扶贫广告、直播带货等方式参与产业扶贫，让政策红利和市场红利更好地嵌入贫困地区，这一产销模式顺畅运行的基础，是主流媒体强大的公信力。以中央广播电视总台的"广告精准扶贫项目"为例，在确定扶贫产品之前，总台会与地方党政机关密切沟通讨论，根据产品的受益面、附加值、地域标签和物流仓储条件，来筛选出最优的扶贫产品，既让贫困地区真正落实脱贫责任，也保障消费者的权益和体验，反过来也进一步提升了媒体自身的公信力，让扶贫产业得以持续健康发展。

最后，主流媒体以公信力吸引多方合作。当前，我国全民扶贫的大格局已经形成，出现了扶贫主体广泛化、参与渠道扩大化的特点。但在众多平台渠道中，主流媒体仍是最具吸引力的合作对象之一，其长期积累的公众信任基础和肩负国家使命的属性定位，为扶贫协作效果提供了有力背书。事实上，扶贫主体选择与怎样的媒体搭建联盟，就是在向大众传递自己有什么样的社会担当，在这样的扶贫网络中，主流媒体与各扶贫主体形成了公信力的衍生与流动。

可见，在主流媒体精准扶贫的关系网络中，主流媒体履行着监督责任和平台责任，参与扶贫的社会成员履行着扶贫主体责任，被帮扶对象则履行着主动脱贫责任，以公信力为驱动，主流媒体推动着各方达成了责任的共担与共治。

二、以影响力激发行动能量

法国社会学者卡隆最早提出了行动者网络理论，该理论认为，核心行动者在关系网络中发挥着重要作用，可以通过"问题化""利益相关化""征召"和"动员"四个环节，来组织协调其他行动者，彼此之间相互联系和作用，形成一个动态的行动者网络。[1] 通过前文的分析我们不难看到，主流媒体精准扶贫的关系网络便是由众多行动者联结而成

[1]　CALLON M. The Sociology of an Actor-Network [J]. Mapping the Dynamics of Science and Technology of Science and Technology of Science in the Real World, 1986: 19-34.

的，他们有着共同的目标、清晰的分工和较强的执行力。回顾它们彼此联结的行动过程，可以发现，主流媒体凭借自身的影响力和话语权，在四个环节中充当着核心行动者的角色。

在问题化阶段，核心行动者会呈现出行动者们面临的问题以及解决问题的"强制通行点"。主流媒体通过强大的议程设置能力，勾勒出我国脱贫攻坚的问题现状，并强调精准扶贫是现阶段解决贫困问题的最重要方略，主流媒体将问题、目标和解决途径传达给社会成员，引起对于扶贫议题的广泛关注。

在利益相关化阶段，核心行动者通过分析问题解决过程中各行动者的受益情况，来让行动者确认彼此之间的利益一致性。主流媒体通过话题引导，明确了补齐贫困短板对于全面建成小康社会的重要性，让行动者们理解并相信，完成脱贫任务，既可以实现自身的社会价值，也有助于推进全体成员的共同富裕。

在征召阶段，核心行动者吸引其他行动者加入网络，并为他们分配任务，完成彼此间的利益捆绑。随着媒体融合向纵深发展，我国主流媒体纷纷建立起多产品、多平台、多层级、全覆盖的融合传播体系，具备层级辐射的影响力。以此为基础，主流媒体可以为扶贫主体和帮扶对象们提供更为丰富的渠道资源，并能根据自身横向联动和纵向贯通的传播结构，确定精准扶贫的形式以及各主体需要承担的任务。

在动员阶段，核心行动者将网络中的所有行动者高效率组织起来，让他们各自发挥作用，实现共同目标。动员的重点是尽可能清除行动者们进入网络的障碍，以此最大限度地调动每个行动者的积极性。① 一方面，主流媒体通过深入调研采访，让外部行动者掌握贫困地区的现状和扶贫进展，消除了因为信息不对称而产生的障碍；另一方面，在产业扶贫的过程中，主流媒体也利用自身全渠道内容分发的影响力优势，让扶贫产品的生产和消费更精准地对接，克服了市场风险和销售风险。

主流媒体的影响力在于自身具备议程设置、组织动员、公共服务和话语认同优势，并能利用这些优势对受众产生广泛效果。在精准扶贫的行动者网络中，主流媒体推动达成了目标共识和方案共识，征召各类行动者加入合作网络并承担相应任务，激发着每个行动者的独特能量。

三、以传播力创造经济效益

改革开放之后，我国开始发展社会主义市场经济，我国传统的主流媒体既是公共信息的提供者，也是市场化经营的渠道商，因此，如何争取将社会效益与经济效益相统一是所有主流媒体思考的命题。

主流媒体的精准扶贫实践，为这一命题提供了解决思路。主流媒体以内容为根本，以技术为支撑，发挥了自身在触达率、精准度和互动性方面的传播优势，免费为贫困地区的特色产业增加了曝光量，并帮助他们打通了产销流程，给帮扶对象带来了经济收入。在这一过程中，大格局、精制作、多元立体的传播内容所创造的价值，尽管不能直接换算为主流媒体有形的物质资本，但可以转化为主流媒体无形的声誉资本，从而提升媒体平台的整体品质，并带高传播资源的价值，从长远来看影响

---

① 王雪丽，彭怀雪. 非遗扶贫项目合作网络的创建过程与运行机理探究——基于行动者网络理论的分析 [J]. 江淮论坛，2020（3）：18-25.

主流媒体的经营创收。

可见，在精准扶贫工作中，主流媒体创造出了一种良性循环的平台经济。首先，主流媒体通过公益行动、融媒体宣传、直播带货等创新传播方式，为贫困地区带来了经济效益，也实现了媒体的社会使命。其次，随着社会对媒体的好感度和认可度增加，主流媒体在招商引资方面获得了更大主动权，可以选择与优质的商业品牌进行合作，并为其提供传播服务，从而实现了媒体的市场角色。最后，主流媒体可以利用获得的利润进行扩大再生产，并分配利润继续用于扶贫公益事业，以经济效益反哺社会效益，形成了可持续的利益链条。

需要指出的是，在斯麦兹提出的传统的受众商品论中，媒体与受众是售卖关系，即媒体用内容吸引受众，然后将受众卖给广告商以盈利，这一过程中流通的商品是受众注意力。[①] 而在主流媒体精准扶贫的关系网络中，媒体、扶贫主体、帮扶对象和受众则是一个多方共赢的利益联盟，在这种运作模式下，消费者也成为共赢的一方，他们既从媒体平台获得了客观及时的多元化资讯服务，也获得了公正可靠的公益产品和商业品牌讯息。

四、以引导力带动共识凝聚

仪式是价值观与意义的载体，能够让社会成员产生集体情感，并构成共同的信仰、意识和道德规范。[②] 詹姆斯·凯瑞曾指出，传播具有仪

---

① SMYTHE D W. Communications：Blindspot of Western Marxism ［J］. Canadian Journal of Political and social Theory，1977.

② 兰德尔·柯林斯. 互动仪式链［M］. 林聚任，王鹏，宋丽君，译. 北京：商务印书馆，2009：41-48.

式属性，可以维系社会，并让社会成员分享信仰的表征。① 在精准扶贫的过程中，主流媒体在不断发挥意识形态的引导作用，通过仪式化的扶贫传播，让社会成员形成情感连带和价值共识。

　　传统的人类仪式强调身体在场，参与者需要沉浸在物理空间的仪式场域内，而媒介则打破了时空隔阂，为人们的共同在场提供了环境基础。在扶贫传播中，主流媒体的记者深入一线进行蹲点报道，呈现了历时性的扶贫故事和脱贫历程，让身处不同时空的观众贮存着集体记忆。此外，主流媒体也发起了丰富的融媒体直播活动，中央广播电视总台的《走村直播看脱贫》节目，就以直播形式走访了 20 多个贫困地区，观众可以跟随制播大篷车看到脱贫攻坚的实时情况，并通过新媒体端口进行互动，这样的仪式互动链条让共有的情绪在不同群体间流动。

　　任何仪式都有符号象征性，而主流媒体则是符号资源的重要支配力量。在扶贫类节目中，主流媒体在视听语言中融入了大量国家、地理、民俗和科技符号，展现区域风光和劳动景象的同时，也强化了利用先进生产力来脱贫帮扶的理念。配合有感染力的旁白脚本，这些符号组合突出了家国情怀、勤劳勇敢、自强不息的主流精神，构成了能够引起价值共鸣的扶贫叙事。

　　媒体还可以通过仪式作用对个体进行集体意识的召唤，个体的集体意识在被召唤的过程中会被特定的意识形态和价值观建构。② 前文提到，主流媒体有着强大的扶贫动员能力，能够通过舆论引导来激发帮扶

① 詹姆斯·凯瑞. 作为文化的传播 [M]. 丁未，译. 北京：华夏出版社，2005：7.
② 张梅兰，朱子鹏. 媒介仪式是凝聚社会共识的重要路径——以央视春晚为例 [J]. 媒体融合新观察，2019（6）：24-31.

对象的脱贫决心，并召唤扶贫主体的责任感，从而聚集各种力量来共同完成脱贫任务，也让扶贫网络中的行动者在具体实践中获得了更多的群体认同。

涂尔干曾指出，仪式可以促进社会成员形成共同意志，从而促进社会团结。① 主流媒体通过发挥仪式功能，凝聚了社会成员对扶贫工作的认知，并让社会成员共享精准扶贫的价值标准，从而围绕扶贫议题构成了集体团结的有机体。

小 结

主流媒体作为脱贫攻坚的重要力量，嵌入了精准扶贫的社会网络中，与多元主体进行着资源交换与合作，并形成了以主流媒体为核心的精准扶贫共同体系统，与我国整体的协同扶贫结构发生着有机联系和良性互动。由此，国家战略、媒体使命、市场利益和农村发展得以相互融合、彼此支撑，激发着扶贫传播的能量效应。

脱贫攻坚战的胜利，意味着我国温饱线以下的贫困现象被消除，但脱贫成果仍要继续巩固，多方力量仍要协同推进乡村地区从脱贫走向致富。主流媒体精准扶贫的共同体模式，也有助于未来继续推动乡村振兴。

---

① 埃米尔·涂尔干. 社会分工论 [M]. 渠东，译. 北京：生活·读书·新知三联书店，2000.

第八章

服务创新：智慧广电赋能适老化服务现状与发展策略

2021 年 10 月 13 日，习近平总书记对老龄工作作出重要指示，强调要把积极老龄观、健康老龄化理念融入经济社会发展全过程。[①] 截至 2021 年，中国 60 岁及以上人口超过 2.67 亿，占全国人口总数的 18.9%。老年群体正在以各种"问题化"形式进入政策制定与学术研究视野，各行各业都在积极推进适老化发展。

在广电领域，智慧广电建设工程的发起为广电媒体拓展适老化场景提供了重要契机。根据中国广视索福瑞媒介研究（CSM）的电视收视率统计，2021 年我国 55 岁以上老年观众日收视时长占总量的 50% 以上，老年群体已成为电视媒体的重要受众，智慧广电的适老化改革将对他们的日常生活产生重要影响。

本章梳理了我国智慧广电适老化服务的发展现状，并进一步探究如何以智慧广电建设工程为牵引，帮助老年群体更好地开启数字化实践、融入智能化生活，促进积极老龄化社会发展和数字中国建设。

---

① 习近平对老龄工作作出重要指示［EB/OL］. 中国政府网，2021-10-13.

第一节 智慧广电适老化服务的建设现状

一、国家政策系统布局，适老化改革持续推进

2018 年 11 月，国家广播电视总局印发《关于促进智慧广电发展的指导意见》，强调通过"智慧广电"建设工程增强公共服务效能，这也成为我国广电行业的前沿发展战略。在此背景下，面对人口老龄化的发展趋势，广电行业积极贯彻国家宏观部署，持续推进智慧广电适老化建设。

一方面，智慧广电适老化与我国基本公共服务的政策规划相伴而生。十九大报告提出，到 2035 年，我国基本公共服务均等化要基本实现。为了对接顶层战略部署，国家广电总局于 2020 年 1 月发布《关于加强广播电视公共服务体系建设的指导意见》，强调要大力推进"智慧广电+公共服务"，努力实现基本公共服务常住人口全覆盖，尤其注重提高智慧广电参与养老助残事业的积极性。在广电总局的带头行动之下，各省广电局也相继推出省级智慧广电建设实施方案，并多有涉及老年群体的服务规划。2022 年 1 月和 8 月分别发布的《"十四五"公共服务规划》和《"十四五"文化发展规划》将智慧广电建设纳入推进基本公共服务均等化、提升公共文化数字化水平的宏观战略框架中，强调要丰富老年群体的公共文化供给、保障他们的基本文化权益。

另一方面，智慧广电适老化也与我国信息无障碍建设工作一衣带

水。作为社会信息获取和使用的弱势群体，老年人通常与残疾人、偏远地区居民等，被共同纳入我国信息无障碍建设的重点目标人群。2020年9月，工业和信息化部、中国残联制定下发了《两部门关于推进信息无障碍的指导意见》，提出要消除老年人等群体的消费资费、终端设备与服务应用三方面的障碍。2020年11月，国务院办公厅印发《关于切实解决老年人运用智能技术困难实施方案的通知》，明确指出要推动手机等智能终端适老化改造，以方便老年人的使用。2021年6月，《智能电视适老化设计技术要求》团体标准正式发布，从工作模式、用户界面、使用导引等方面提出适老化设计的统一要求。由中央层面的顶层设计到行业标准的制定发布，智慧广电适老化建设的政策规划不断完善，为未来的发展奠定了基调。

二、开设老年节目专区，定向研发智慧产品

当前，智慧广电适老化建设以内容产品的优化改造为发端，从老年群体的日常精神文化需求出发，在频道节目调整、操作界面改良及智能产品定制等方面成果显著。

随着老年群体成为广播电视收听观看的主力军，诸多地方媒体通过改变频道布局、调整节目版块等方式，生产更多契合老年人观看偏好的节目。湖南广电将旗下的湖南公共频道转型为"湖南爱晚频道"，以老年栏目剧、电视剧和生活服务类节目为频道主要内容，成为全国首个省级老年主题的电视媒体频道。多地智慧广电网络还在电视端的云平台开设老年专区，整合地方优质节目资源，吸引老年用户的收听和观看。作为大众媒体，老年电视节目这种由"暮气"到"朝气"的转变不仅对

其创新发展具有重要的参考价值，也营造了尊老助老的良好社会氛围。①

与此同时，多地广电网络积极推进智能电视端的界面改造，推出"简洁模式""长辈模式"等，以适应老年群体的使用习惯。通过放大字体标识、简化交互方式、推出语音交互功能等，帮助老年群体更加便捷地进行智能电视操作。例如，中国广电辽宁公司推出了"便捷用电视"爱心助老活动，在"长辈模式"中嵌入了"夕阳红""炫舞未来"等特色专区，探索操作改良与内容优化的双重适老化建设。

此外，各地广电网络也在同步推进智慧广电家居产品研发，为老年群体的居家养老提供智慧生活方案。例如，中国广电重庆公司针对老年用户开发了定制版的智能音箱、智能门锁、智能摄像机等产品，电视终端可以与各个设备进行全业务平台对接，老年用户通过语音指令就能进行相应的家庭业务管理，守护他们的人身和家庭安全。此类智能家居产品的出现，也让智慧广电发挥家庭管理的中枢神经功能。

三、服务资源盘活拓展，老龄业务不断创新

真正意义的数字融入，不仅包括信息通信技术的不断使用，还应"确保受到社会排斥的人能够使用信息通信技术去拓展其功能，提高其赋权能力和获取更好生活的能力"②。因此，智慧广电的适老化建设不仅需要广电在内容产品层面下足功夫，还要实现由内容到业务、由产品到服务的创新拓展。各地在推进智慧广电适老化建设的进程中，不断整

---

① 任航，贾斐然．我国老年电视节目呈现的多维转变 [J]．电视研究，2022（3）．
② 周裕琼．数字弱势群体的崛起：老年人微信采纳与使用影响因素研究 [J]．新闻与传播研究，2018（7）．

合"云、网、端"的生产要素，积极盘活优质服务资源，打造了融合化、专业化、便捷化的"智慧广电+"业务生态格局。

一是以"智慧广电+教育"推动数字化的老年终身教育服务。为贯彻落实扩大老年教育资源供给的相关要求，各地广电网络纷纷搭建老年教育课程资源专区，通过开办老年电视大学等方式，推动终身教育数字化服务体系的建设。依托国家开放大学的教育资源，中国广电辽宁公司开通了"老年大学专区"数字电视互动点播功能，并与"辽宁终身学习网"共同推进资源共享与活动承办，积极探索数字电视、互联网及线下教学融为一体的新型老年教育模式。

二是以"智慧广电+医疗"构筑老年健康保障网络。随着医疗技术的进步和国民健康观念的提升，医养模式成为当下的发展热潮。对于老年群体来说，构筑健康保障网络就是要让健康疗养嵌入到日常生活中，实现医疗功能的日常全覆盖。智慧广电通过与医疗单位合作的方式，搭建起联通地方医疗机构和医务站点的协同信息平台，例如，由中国广电山东公司与山东卫健委联合打造的山东省医养健康智慧服务平台，完成了查找医生、电视医院、医养管家、健康小屋等12项功能模块的开发，让老人可以享受居家看病、送药上门、慢病指导等多项健康管理服务。

三是以"智慧广电+养老"打造一站式的老年综合服务平台。当前，多地在尝试打造以广电云平台为核心、广电网络为支撑、智能电视为终端的智慧养老服务平台，让老年人多方面的生活需求都能在平台内得到满足。浙江华数集团组建了智慧广电养老产业联盟，积极整合医疗护理、餐饮家政、紧急救援等服务资源，老人可以通过智能电视获取专业服务商提供的助餐、助洁、助购、助行、助急等多种线上、线下服务。① 可见，在智慧广电的虹吸效应之下，多产业链协同并发、多机构成员共同参与的养老格局正在形成。

第二节 智慧广电适老化服务的发展策略

一、技术革新，整合适老化服务数字平台建设

当前，智慧广电的适老化建设虽然在内容和服务等层面积累了一定成果，但不少地区尚未搭建起统一的信息服务平台，在数据资源整合、数字信息共享、数字资源管理及数据安全保障等方面存在一定短板，难以为老年群体提供标准化、系统性的适老化服务。

一方面，各地广电系统需要推进建设统一的适老化服务数字平台，打破各地的碎片化治理和信息孤岛问题。利用大数据、人工智能、云计算等新一代信息技术，搭建一个统一开放、协同各方的综合性适老化信息服务平台，完善线上联通和线下资源对接，突破机构和部门间的沟通障碍，是智慧广电适老化建设的必然要求。当前，我国各省纷纷打造了省级广电云系统，并构筑了跨层次、多功能的区域广电生态，这种云端互联的结构理念也应当运用到智慧广电适老化的实践改革中。例如，中国广电贵州公司就是在"医疗健康云"系统的支持下，构建了全面协作的省、市、县、乡、村医联体分级诊疗一体化平台，让医疗资源实现

---

① 章军. 广电网络"智慧广电+"转型发展实践［J］. 广播与电视技术，2019（3）.

了纵向联通，直达身处偏僻农村的老年群体。未来，广电系统要进一步探索覆盖各层级的一体化智慧广电养老服务平台建设，进一步盘活区域资源，促进"信息孤岛"向"数字大陆"转化，为老年群体带来普惠共享的数字服务。

另一方面，智慧广电数字平台应强化数据分析能力，利用大数据做出更加智能的信息服务研判。智慧广电系统要充分收集老年群体对适老化服务的反馈和建议，通过大数据反映出的整体问题来动态调整平台的设计与界面操作等，为老年人提供更加精准的信息与服务保障。平台应详细构建老年群体的用户画像，从生活需求、医疗需求、精神需求等多个层面进行定期的大数据分析预判，对老年群体的需求趋势进行更加精准的对接，并及时对平台系统运营维护与开发升级。此外，在此过程中还要重视数据监测与监督管理，及时发现已有服务中的问题和漏洞，在确保老年人隐私安全的基础上为他们带来更加高标准、高精度的服务体验。

二、差异发展，满足各类老龄人群的多元需求

基于我国人口众多、地域差异明显、城乡发展不平衡等现状，老年群体的内部差异较大，对于内容和服务的需求也更加多元。推进老年群体的数字融入，不仅需要关注身处城市的健康老年人，还需要关注农村老年人、失能老年人等边缘人群。已有的智慧广电适老化建设在转型升级过程中难免存在"一刀切"的问题，缺乏对于不同地域、不同健康状况、不同知识文化水平等群体的内部区分，不能满足各类老年用户的差异化需求。

在宏观层面，智慧广电的适老化建设需要根据城乡与地域发展的差异，开发更多本土化的内容服务。在乡村振兴战略取得阶段性发展成果的当下，推进农村地区的智慧广电适老化建设是实现基本公共服务均等化的关键环节。对于农村老年用户来说，广电系统需要为他们提供更多通俗易懂、贴近实际的内容与服务。当前，已有不少智能电视嵌入了方言版的语音指令，还有广电网络专门为农村老人开发了务农指导和法律援助版块，这类因地制宜的举措在未来将得到更加广泛的实施应用。

在微观层面，智慧广电的适老化建设应当开拓更多个性化的服务场景应用。以"智慧广电+教育、医疗、养老"为主的模式是当前的主要应用场景，但除此之外，更多细分垂直的服务需求也应当得到满足。从马斯洛需求层次的视角来看，已有的智慧广电适老化建设主要从生理和安全层面出发，为老年人提供集生理健康和居家安全为一体的智慧生活系统，但未来的智慧广电应当更多地从情感需求和认同需求等层面出发，为老年群体提供各类社会支持。一些独居老人和空巢老人，由于缺乏子女陪伴和精神慰藉，更容易有孤独感和失落感，这就需要智慧广电在适老化建设中为他们提供更多心理和社交服务。例如，中国广电重庆公司推出了大屏交友的银发朋友圈，联动线下社交活动和线上观影活动，丰富了他们的日常生活。

三、主体协同，构建多方参与的社会支持体系

国家广播电视总局广播电视规划院提出，智慧广电生态体系是由广播电视和网络视听机构以及利益相关方共同构建的统一有机整体，政府机构、科研单位、生产企业、内容生产机构等相互联动，循环促进智慧

广电综合发展。[①] 可见，智慧广电是一项共商共建共享的行业工程，智慧广电适老化建设也离不开多主体的协同参与和跨界合作。未来，广电系统要合作创新技术应用、盘活调动资源要素、衔接匹配供需关系，围绕网络、平台、终端、服务等主要环节，建构政策支持、行业开发、社区共享和家庭反哺为一体的社会支持体系。

从实施积极应对人口老龄化国家战略和不断推进老龄社会治理现代化目标出发，政府应该承担起顶层设计和政策引领的责任，在宏观层面部署智慧广电适老化改造的进程，锚定各地适老化建设的重点难点，鼓励各类社会力量参与智慧广电适老化建设进程中去。政府部门也要加快推动建立包括产品研发标准、养老服务标准、信息安全标准等在内的统一化改造标准，落实专项检查考评机制，及时洞察数据风险漏洞。

作为智慧广电适老化服务的主要提供者，各地广电企业要积极推进产品研发和场景应用，为老年群体提供更多契合需求、操作方便的智慧服务，尤其是要进一步突破适老化改造中的技术难题，保障适老化服务的技术安全。与此同时，广电行业要进一步打通与教育、养老、医疗、金融等不同产业之间的壁垒，引导养老服务企业、高新技术企业和生产制造企业的协同发展，推进国家老龄事业产业的整体性创新发展。

当空巢化、失能化、少子化成为社会常态，居家养老日渐成为主流的养老模式，社区在适老化服务建设中也将发挥愈加重要的作用。在推进智慧广电适老化的进程中，社区应当积极开展相关的线下普及教育活动与培训工作，并与老年教育机构、服务机构及社会公益组织一起，通过定期开展志愿活动等方式，帮助老年用户更好地享受智慧广电适老化

---

① 刘文翰. 智慧广电生态体系建设思考 [J]. 广播与电视技术，2022 (2).

的服务改造成果。

鼓励年轻一代对老年人进行数字反哺，是在信息化和数字化时代弘扬尊老爱老传统文化的时代新意涵。[①] 家庭内部的年轻成员应以互联网时代的数字反哺为己任，主动帮助老人克服新技术的陌生感和无力感，教会他们使用智慧广电适老化改造后的新功能和新应用，让老年人从"不会、不用、不想"走向"能用、敢用、想用"，打通智慧广电适老化建设的"最后一公里"。

---

① 杜鹏，韩文婷.互联网与老年生活：挑战与机遇 ［J］.人口研究，2021（3）.

第九章

人才转型：面向国家战略的全媒体人才培养体系建构

　　人才是新闻传播行业不断创新变革的动力源泉。当前，信息技术与智能传播正形塑着新闻传播的新业态，也催生着人才建设的新需求。面对融合转型的新闻业，"全媒体人才"成为国家、行业与学界破局媒介生态变革的共识。在媒体融合走向纵深的今天，"全媒体"已不只是对传媒业态的宏观布局，更伴随着全媒体生产、传播、运营、管理的现实需求，成为衡量人才结构的重要标尺。要厘清这把"标尺"的关键"刻度"，单一的视角与维度已不能回应全媒体人才的系统实践，需要时代要求与整体格局、业务需求以及教育规律之间寻找平衡与共识，积极识变、求变、应变，形成人才建设合力。

　　媒体融合的国家战略布局了怎样的人才蓝图？纵深化融合发展中的媒体机构需要怎样的合格员工？新闻传播教育教学体系应当如何回应数字时代的育人转型、输送时代所需的复合型新闻传播人才？围绕以上问题，本章将从媒体融合国家战略对全媒体人才的要求与布局、媒体行业融合转型过程中的新闻传播业界的现实需求、新闻传播教育的理念转型与路径探索三个方位切入，回答全媒体时代如何识变、新闻传播行业如何求变，并据此探讨新闻传播教育教学如何应变。

第一节　我国新闻传播教育的时代转型与研究格局

建设新型人才队伍始终是媒体融合发展的重要命题。随着媒体融合工作成为国家新闻宣传领域的重要战略，全媒体人才建设的顶层布局逐步明晰。2020 年 6 月，中央全面深化改革委员会通过了《关于加快推进媒体深度融合发展的指导意见》，提出了"推动媒体融合向纵深发展"总要求，并明确指出"要深化体制机制改革，加大全媒体人才培养力度"两个关键抓手。而回望历史，有关"全媒体人才"的战略布局则始终贯穿于媒体融合逐步酝酿、发展的顶层设计之中，从强调人才建设的紧迫性、重要性到提出具体、明确的目标定位，体现着互联网环境下传媒事业变革的发展轨迹。

早在 2013 年全国宣传思想工作会议上，习近平总书记就指出，"要解决好'本领恐慌'问题，真正成为运用现代传媒新手段新方法的行家里手"。面对信息技术的变革，传统型人才陷入困境，新闻传播人才的革新势在必行。2014 年 8 月，中央全面深化改革领导小组通过了《关于推动传统媒体和新兴媒体融合发展的指导意见》，打开了媒体融合国家战略布局的蓝图，"强化互联网思维""积极运用大数据、云计算等新技术"成为传媒人才转型的行动路径。2016 年 2 月 19 日，习近平总书记在党的新闻舆论工作座谈会上发表重要讲话，将人才建设提升到媒体竞争的核心地位。习近平总书记提出，"媒体竞争关键是人才竞争，媒体优势核心是人才优势"，"要加快培养造就一支政治坚定、业务精湛、作风优良、党和人民放心的新闻舆论工作队伍"，并要求新闻工作者"努力成为全媒型、专家型人才"，为全媒体新闻传播人才的建设制定了明确的坐标定位。2018年11月，中央全面深化改革委员会第五次会议又进一步细化了媒体融合对新媒体人才和队伍的需求。

与此同时，在新闻传播教育与学科建设领域，人才教育理念与目标的革新转型也与国家战略、行业生态协同呼应。2013年6月教育部、中宣部发布实施卓越新闻传播人才教育培养计划1.0，提出建设"具有全媒体业务技能的应用型、复合型新闻传播人才"。面向媒体融合与智能传播的国家战略及生态变革，2018年9月，两部委再次发布卓越新闻传播人才教育培养计划2.0，以建设"全媒化复合型专家型新闻传播人才培养体系"为目标，加快培养会使善用"十八般兵器"的全媒化复合建设型新闻传播人才，将全媒体人才建设提升到新闻传播人才教育的总体要求的高度。

通过深刻认识全媒体时代的挑战和机遇、全面把握媒体融合发展的时代变局，一系列的顶层设计与规划为全媒体人才提出了根本要求，我国关于新闻传播教育和人才培养的研究成果也层出不穷，大致分为三类：

第一，从宏观视野出发，对新闻传播人才培养的时代背景、目标和意义进行解读和阐释。制度发展、社会变革和媒介技术演变是助推新闻传播教育转型的三种力量①，这意味着新闻传播人才的培养模式也随着时代的发展不断变革。进入21世纪以来，学者们通常将2009年和2021年视作新闻传播人才培养的两个重要节点。2009年，我国在战略层面制定"建设覆盖全球的国际传播体系"的目标，在此背景下，政府部门联合六大主流媒体制定了培养"国际新闻传播后备人才"的方案，国际新闻传播人才培养自此上升到国家战略高度。② 2021年5月31日，着眼于世界的深刻变革与调整，习近平总书记在中共中央政治局第三十次集体学习时发表的重要讲话为我国国际传播实践指明了方向，在新的国际舆论环境下，如何将战略谋划融合进国际新闻传播的人才培养机制中，成为亟待解决的难题。③ 我国学者普遍认为，新闻传播人才培养是一项与时俱进的时代工程，要在国家发展的宏观大局中定位我国新闻传播教育的改革路径。

第二，着眼新闻传播教育实践，梳理我国新闻传播人才培养的现状和问题。我国新闻传播人才培养在机制创新上已经取得一定成绩，但是与西方相比，仍然存在差距和问题。学者们认为，我国新闻传播人才在多语言能力、专业知识技能和综合学科背景等方面还有一定差距，④ 培

---

① 王秀艳，刘沫含．新闻传播教育的"三个转变"——从"纸媒"时代到"智媒"时代［J］．青年记者，2021（20）：97-98.
② 高晓虹，赵晨，赵希婧．中国特色国际新闻传播人才培养模式与创新［J］．对外传播，2015（6）：48-51，1.
③ 程曼丽．我国国际传播理论研究的课题指南——学习习近平总书记"5·31"重要讲话获得的启示［J］．中国记者，2021，（7）：20-23.
④ 王春枝．美国大学国际新闻人才培养模式探析［J］．中国传媒科技，2013（18）：109-110.

养理念缺乏前瞻性、培养模式尚未形成范式①，"泛专业化"体系较为薄弱、"跨媒体"实践平台缺乏②，尤其在新文科建设的新要求下，教学体系开发、学科体系更迭、生源师资状况等矛盾亟待解决。③

第三，对比国内外新闻传播人才培养的相关经验，探索我国新闻传播人才的培养方向。学者们普遍认为，新闻传播人才应该是"复合型人才"，确立新时代国际新闻传播人才培养模式，一方面要把坚持党性原则和中国立场放在首位④，另一方面要注重学生多维能力的锻造，培养具有"深描、转译、沟通、感受、连接"等多种能力的新闻传播行动者。⑤ 此外，学者们还从建制、理念、课程设置、师资配备等方面着手，探讨了新闻传播人才培养方式，包括开拓以思想教育、学术竞赛、课题研究、社会实践、创业创新为主的第二课堂⑥，对本科和研究生阶段的教学体系进行定位区分⑦，打造跨专业，跨中外，跨高校、政府、

---

① 戴佳，史安斌. "国际新闻"与"全球新闻"概念之变——兼论国际新闻传播人才培养模式创新 [J]. 清华大学学报（哲学社会科学版），2014，29（1）：42-52，159.

② 雷跃捷，罗雪. 我国国际新闻传播人才培养机制转型的现状及趋势 [J]. 新闻与写作，2015（1）：33-36.

③ 曾祥敏，余珊珊. "新文科"语境下全媒体人才培养路径探析 [J]. 中国记者，2021（10）：49-52.

④ 高晓虹，赵希婧. 立足新时代发展方向 培养卓越新闻传播人才 [J]. 中国大学教学，2018（4）：8-11.

⑤ 本刊记者. 后疫情时代的新闻传播教育：范式变革、理念转变与国际合作 [J]. 中国出版，2022（1）：24-28.

⑥ 陈博菲. 全媒体时代基于第二课堂的国际新闻传播人才培养模式探究——以广东外语外贸大学新闻与传播学院为例 [J]. 教育现代化，2019，6（67）：21-22.

⑦ 姜飞. 新时期对未来国际新闻传播人才培养的思考 [J]. 新闻与写作，2020（7）：37-42.

媒体的协同育人机制。①

　　整体而言，已有研究更多集中在人才培养的现状勾勒、问题梳理和中外经验对比层面，尽管学界在新闻传播人才培养的方向与目的上基本达成共识，但相关实践模式和具体路径尚不清晰。因此，本章尝试对新闻传播人才培养的路径探索提出几点建议。

第二节　对接国家战略：打牢新闻学子的理想信念与品行修养

　　在新闻传播人才培养中，要面向国家战略，让后备人才在毕业后能够进入主战场、成为主力军，这不仅是对学生能力素养的锻造，更是在培养过程中的积极引导。长期以来，我们不得不看到，有的新闻传播人才毕业后，由于多种原因，更因为自身的选择，没有进入到国内外传播的一线阵地。面对百年未有之大变局和复杂多变的国际环境，学生坚定的政治立场和家国情怀是保障新闻传播正确方向的基础，让他们积极投身新闻传播一线是战略急需。为此，我国高校在人才培养中，必须注重培根铸魂，将思政教育贯穿到人才培养过程中，着力探索培养规模化、体系化的新闻传播人才，引导学生进入主战场、成为主力军。

---

① 张红梅. 新文科视域下多语种国际新闻传播人才培养［J］. 青年记者，2021（14）：93-94.

一、培养爱国情怀，筑牢新闻传播人才的思想基础

在新闻人才培养过程中，应始终把思想政治教育放在首位，坚持用中国特色社会主义理论体系与核心价值体系武装学生头脑，让这批人才树立起正确的传播立场。[①] 新闻传播教育要以马克思主义新闻观为统领，将思政教育贯穿新闻传播人才培养的各个环节，提升学生的政治意识、专业能力和实践水平。

在养成教育上，要上好新生入学的第一课。例如，每年新学期伊始，中国传媒大学都将马克思主义新闻观教育作为新闻传播专业学生的"开学第一课"，并组织学生参访新华社社史馆等红色教育基地，让他们了解我国主流媒体的光辉历史和新闻人的责任使命，帮助他们系好"第一粒扣子"。

在课堂教学方面，要深入思考如何将思政教育与新闻教育深度融合，积极开设马克思主义新闻观、党的新闻舆论工作重要论述等课程，结合党的政策主张、国家的发展大势和最新的新闻实践案例，灵活地将马克思主义的立场、观点、方法贯穿于课堂中，让马克思主义的世界观、人生观和价值观真正"入脑""入心"。

在结合实践筑牢思想上，要充分引入业界师资，立足国情教育讲座、"好记者讲好故事进校园"等活动，邀请党政机关、主流媒体和企事业单位的新闻传播从业者，定期为新闻传播专业学生授课，嫁接理论研究与一线实践，向学生讲解新闻传播中的热点现象和前沿问题，引导

---

① 高晓虹，赵晨，赵希婧. 中国特色国际新闻传播人才培养模式与创新 [J]. 对外传播，2015 (6)：48-51，1.

学生增强社会责任感和新闻职业道德，进一步提升政治意识、大局意识、核心意识、看齐意识。

二、贯通本硕博层次，回应新闻事业发展的战略需求

在新形势下，对传媒人才的能力和素养提出了新的时代要求。新闻传播人才既要具备良好的外语水平和沟通能力，还要熟练掌握采、写、摄、录、编和新媒体运营技能，更要深谙国内外传播的规律模式，能够用中国理论阐释中国实践。同时，复杂的国际形势和我国传播战略要求，更需要构建多维、立体的新闻传播人才培养体系、在理论、战略、实践等方面升维人才队伍建设。

因此，为了保障我国新闻传播事业的多元人才需求，我国高校亟待在纵向和横向体系建构上进行开拓，本科生、硕士生和博士生教育应根据具体情况进行多层次差异化培养。本科教育应重视培养学生的新闻传播基础知识、跨文化沟通技巧和全媒体业务技能；硕士教育要更注重跨学科的知识体系建构和创新实践能力培养；博士教育则更应重视研究型人才的培育，引导学生致力于创新新闻传播的研究范式、构建新闻传播的学术话语体系。

只有构建覆盖本硕博的人才培养体系，探索高效率、大体量、多层次的人才培养模式，才能让国际新闻传播人才队伍建设在"质"和"量"上满足我国新闻事业发展的战略急需。

第三节　因应全媒体发展：积极适应媒体
技术的趋势与规律

信息技术的快速迭代，让全球的传播生态格局急剧变革，新闻传播的理念、方式和渠道也在不断革新。我国高校需要积极适应全媒体传播的趋势与规律，创新教学体系、拓展教学场景、协同各方资源，推进新闻传播教育。在这一方面，整合国际国内传播人才培养资源，打造协同创新路径，在思想和能力培养上实现两个方向的融通，是重点探索的命题。

一、搭建课程体系，专业教学与实践项目互促互动

新闻传播教育需要紧跟行业前沿，搭建因应全媒体传播发展的实践教学课程体系。通过开设媒体融合、视听编辑、计算机编程等跨学科的专业课程，让学生深刻理解媒介融合的发展趋势，既掌握采写摄录编的本领，又具备创意策划、融合编创、交互设计、新媒体开发等全媒体技能。值得指出的是，专业教学不能止步于课堂讲授，而更要以特色实践项目为托举，让学生将课堂所学的技术工具和方法技能运用到真实情景中，实现从作业到作品再到产品的成果创新。

例如，中国传媒大学在 2017 年首创了"光明影院"无障碍信息传播项目，师生志愿者团队通过在电影声音空白处插入解说词，来为视障人士制作无障碍电影，并深入到全国的盲人学校、贫困地区进行公益放

映，以满足他们的精神文化需求。为了推进无障碍电影制作的体系化、标准化生产，中国传媒大学开设了"媒体融合传播实践"课程，讲授融媒体时代影视作品制作的基本原理、技术要求和传播特点。课程结合了理论教学、实验室实操和推广传播实践三大板块，让学生既能了解媒体融合的发展态势以及无障碍信息传播的理论知识，又能掌握写作、配音、剪辑、混音、后期特效等融媒体传播专业技能，还能在深入基层的公益推广和调研中体察国情社情。

可以看到，通过课堂教学与实践项目的互促互动，能够实现思想政治教育、公益情怀教育、文化传播教育的同频共振，强化新闻传播人才的使命精神和社会责任意识。

二、拓展教学场景，激活校内、校外与校友资源

为了让教育教学活动抵达更加多元的场景空间，各高校也要积极利用各类平台、盘活各种资源，为新闻传播专业学生打造全方位沉浸式的学习环境。

在校内方面，要积极利用科研教学平台资源。例如，中国传媒大学依托"媒体融合与传播国家重点实验室"等重要平台，连续 12 年开展"新闻八通线 News Batong Line"等全媒体实训项目。学生利用录音棚、演播厅和实验室资源，自主完成选题策划、采访拍摄、出镜报道、剪辑制作的新闻采编全流程，并根据不同新媒体平台的特点，将国际新闻作品包装为多元样态进行推送，作品成果由专业教师定期点评。这样的校内实训，使学生不仅提升了传统视听新闻的制作技巧，也能自主探索新媒体传播规律、培养互联网思维，引导学生主动学、想要学、有目的

地学。

在校外方面，要积极建立产教融合性专业实践基地，搭建政学研媒一体的全媒化人才培养平台。目前，我国许多高校都与主流媒体机构和企事业单位建立了合作关系，通过定期安排学生进行实习实践，让他们在实战中打磨全媒体报道、新媒体编创、数字媒体交互设计、社交平台传播等能力。利用这些平台资源，高校还可以尝试在国际传播一线进行现场教学，例如，组织学生观摩主流媒体新闻现场、外交部新闻发布会等，让学生沉浸式体验国际新闻的全媒体报道流程，探索集"授课、体验、感思"为一体的教学模式。

此外，随着信息技术的快速革新，新闻传播教育也要努力打破原有的课堂的时空边界。中国传媒大学创设了"全球连线"课堂，让在校学生与优秀校友云端交流，实现对育人理念的传承与反哺。每年的"全球连线"课堂，都会邀请派驻在全球五大洲的中央媒体记者与国内课堂连线，嘉宾们跨越 12 个时区，向学生讲述在不同国家地域、不同文化背景中进行国际新闻报道的体会与经验。这样的连线课堂，让新闻传播专业的学生能够身在教室、放眼全球，学习到最新鲜的外交形势、传播趋势、报道实例和全媒体融合实践，勉励他们成长成才。

第四节　塑造复合能力：强化跨学科交叉
融合的育人实效

自 20 世纪 90 年代以来，复合型人才便成为我国新闻传播教育的培养目标之一。① 随着媒体融合进程的加速，新闻传播教育需要进一步向全媒化、复合型的人才培养转变。这意味着，新闻传播专业学生需要具备跨学科的知识结构、扎实的语言能力、丰富实践技能和卓越的创新意识，能够掌握新闻传播的规律，推进中国故事和中国声音的全球化表达、区域化表达、分众化表达。在此背景下，我国高校也要积极探索复合人才的培养路径，以专业教育和语言教学为基础，以社会调研和实践创新为抓手，以对接社会需求和国家战略为导向，让学生真正成为"一专多能、知行合一"的复合型人才。

一、引入国际师资，拓展知识结构和学科视野

推动我国新闻传播教育的高质量发展，离不开与世界新闻传播教育的交流合作。新闻传播院校应注重打造跨学科、跨区域的国际化师资队伍，通过营造开放、对话、共享的文化氛围，涵养学生的跨文化意识，拓展学生的学科视野。

依托媒体融合与视听传播创新引智基地、智能融媒体创新引智基地等重要引智平台，中国传媒大学积极引入优质海外师资和国际教育资源。自2015年起，中国传媒大学发起了"跨越巴别塔：海外大师名家短期驻校计划"，邀请了五十多名全球知名学府的专家学者或传媒实践领域的有突出成就的业界大师，为国际新闻专业学生开设2~3周全英文专业课程，通过语言、国际关系、传媒前沿、特色实践等全方位的集中培训，优化了学生的专业知识结构，并建立起了信息共享、人员交

---

① 钟新，崔灿，蒋贤成. 国际新闻传播人才的多维度复合与进阶式培养：基于中国人民大学国际新闻传播硕士项目十周年毕业生调查 [J]. 国际新闻界，2020，42 （12）：147-168.

流、科研问题合作的长效机制。

二、践行知行合一，推进国情教育和海外调研

新闻传播人才的养成、情怀的培育不能停留在"纸上谈兵"，而要坚持"从实践中来，到实践中去"，将与新闻传播专业紧密结合的调查实践贯穿于教学体系，引导学生深入基层、体察国情、了解世情，在植根中国、放眼世界的实践中加深对道路自信、理论自信、制度自信、文化自信的理解，在社会调查与新闻作品采写中提升思想水平与专业能力，真正做到脚上沾泥土、作品有温度、心中有方向。

一方面，要深入推进新闻传播专业学生的国情实践，组织学生深入基层一线和国家发展前沿。采用多走、多看、多观察的体验式现场教学，让学生近距离了解中国国情、百姓民生和行业现状，并通过实践增长见识、砥砺品质、强化本质。在实践过程中，也要鼓励学生们根据所见所感进行调研报告撰写和全媒体新闻作品制作，以实际成果服务国家和社会。

另一方面，要积极创造条件，开拓新闻传播专业学生的全球视野。目前，许多高校都开展了针对传媒学生的海外实践培训，提高学生的国际化意识，强化跨文化沟通与交流能力。通过海外大学课程、社会文化采风、媒体机构讲座、驻外使馆座谈等诸多形式多样的环节，让学生增进对不同国家文化、历史和传媒生态的了解，并深化国际传播的角色使命。

三、创新融媒实践，成果服务国家战略和社会发展

《新文科建设宣言》指出，新文科建设要紧扣国家软实力建设和文

化繁荣发展新需求，紧跟新一轮科技革命和产业变革新趋势，积极推动人工智能、大数据等现代信息技术与文科专业深入融合。① 在新文科建设的部署下，我国高校要以守正创新为原点，将媒体融合的观念和思维融入教育教学中，对新闻传播人才的培养模式进行大胆革新。

例如，中国传媒大学在多年实践中探索出了以教师为带头人、学生团队为核心主力的协同创作模式，通过创作多语种融媒体作品，真正助力我国国家形象传播与中国优秀文化走出去。在抗击新冠疫情期间，师生团队得到了抗疫题材时代报告剧《在一起》的片方授权，对该作品进行了配音译制。经过海外推广，译制作品在28个国际媒体平台播出，覆盖近30个国家和地区，被国家广电总局评为"2020年度优秀海外传播作品"。又如，从2021年立春之日开始，师生团队开始在光明日报推出多语种短视频系列产品《二十四节气里的中华文化》，由教师带领学生对文章进行翻译和配音，不仅在实操过程中进行了专业的翻译教学，还推动了中华优秀传统文化的海外传播。中英文作品发布的媒体平台包括光明日报 APP、光明日报公众号、阅读公社公众号、孔子学院公众号和 Twitter 平台等。再如，为庆祝建党百年，师生团队与中央广播电视总台联合创作《我们正青春——百年大党里的年轻人》系列短视频，并译制成25个语种在海外同步播出，海外社交平台总阅览量超过5000万，向世界展示了中国青年风貌。

可见，我国的新闻传播教育，需要打破人才培养与国家战略需求之间的壁垒，让学生的创新作品可以直接为国家大局和社会发展服务，以

---

① 教育部. 新文科建设工作会在山东大学召开［EB/OL］. 中华人民共和国教育部政府门户网站，2020-11-03.

实际行动向世界展示真实、立体、全面的中国。这样的探索和尝试，不仅可以提升新闻传播的教育实效，也开启了面向全媒体时代的新文科拓展之路。

小　结

新媒介技术的发展与应用，无时无刻不深刻变革着中国新闻生产与传播的业态环境。在媒体融合迈向纵深的新时期，在新型主流媒体从增量转向存量的关键阶段，人才培育与队伍建设始终是最基础、最重要的保障。

然而，在全媒体时代的媒介变局之下，人才的供给与社会的发展、媒体融合的现实需求仍有较大差距，制约了深度融合的时代要求。新时代的国际传播人才培养需紧跟国家传播战略，让学生坚定前进信心，立大志、明大德、成大才、担大任，深刻理解技术赋能下的融合传播，不断增强创新能力、实践能力，真正成为民族复兴征程中的有用之才。

作为培育全媒体人才的重要阵地，新闻传播高等院校亟待革新人才培养范式，主动识变、应变、求变，充分开展智能传播时代新闻传播教育改革、社会需求和人才培养变革的对话及协商，让人才的不竭智慧与创造力激发媒体融合纵深化发展的内在驱动力。

第十章

技术赋能：AIGC 赋能主流媒体融合的机遇、挑战与趋势

2023 年年初，一款名为 ChatGPT 的在线聊天工具频频出圈，它能够通过学习和理解人类的语言来进行对话，完成信息检索、文案撰写、翻译、代码等多种任务。可以说，随着人工智能算法、算力和算据的不断发展，以 ChatGPT 为代表的人工智能生成内容（AI Generated Content，简称 AIGC），已经成为智媒环境下信息生成和交互的重要趋势。

事实上，AIGC 概念由来已久，近两年的技术快速迭代和元宇宙场景的兴起，让 AIGC 产业迎来发展高点，并率先在传媒、电商、影视、娱乐等数字内容行业实现应用，带来深刻的生态变革，也形成了新的问题。

对于主流媒体而言，AIGC 正渗透到媒体采集、生成、传播、服务的各个环节，并逐渐成为推动媒体融合发展的重要技术力量。在技术赋能视域下，本研究探讨 AIGC 在主流媒体深度融合过程中的功能角色与应用空间，并分析这一技术形式可能为媒体融合带来的问题与挑战，以期让主流媒体更好地适应互联网数字化、智能化的传播业态，实现中国

媒体的现代化发展。

第一节　网络内容生态的演进与 **AIGC** 的技术特征

研究 AIGC 对于媒体融合的赋能机制，首先要理解互联网时代媒介信息资源组织形式的演进过程，以及 AIGC 的独特技术特征。

互联网时代的内容生态大致可分为三个发展阶段：专业生成内容（Professional Generated Content，PGC）、用户生成内容（User Generated Content，UGC）以及人工智能生成内容（AI Generated Content，AIGC）。[①] PGC 模式下，内容生产权力集中在专业人士手中，对于媒体行业而言，这有助于打磨制作精良的媒介产品，但由于人力成本高、生产周期长，很难满足大规模的内容生产需求。UGC 模式下，内容生产门槛降低，媒体纷纷以开放平台吸引广大用户参与信息生产传播，形成了多元、互动、合作的内容生态，但 UGC 质量往往良莠不齐，精准性也有所欠缺。[②] 相较于前两者，AIGC 在数据资源、认知学习、多模态融合等方面具备突出优势，可以更好地兼顾内容生产的产能和质量。

首先，海量的数据资源是 AIGC 的基础支撑。对海量语言和文本数据进行挖掘是人工智能和机器学习的基础，AI 想要完成越复杂的任务、

---

①　WHITE R，CHEUNG M. Communication of Fantasy Sports：A Comparative Study of User-Generated Content by Professional and Amateur Writers ［J］. IEEE Transactions on Professional Communication，2015，58（2）：192-207.

②　段鹏，张媛媛. 全媒体时代的群众路线：UGC 对县域融媒体的意义及其应用策略分析 ［J］. 中国新闻传播研究，2021（1）：16-28.

处理越复杂的场景，就需要使用更多数据集来对算法模型进行训练和调优。AIGC算法的本质是基于深度神经网络模型，对数据量的体量和丰富度有着极高要求，往往需要上亿个模型参数。[①] 例如，2022年8月，一位游戏设计师用AI绘图工具Midjourney创作了名为《太空歌剧院》的画作，并获得了美国艺术博览会的第一名，作者花费80小时对画作进行了900多次迭代，支撑他创作的素材便是庞大的图像数据库。可见，在新一轮技术驱动下，人工智能可以获得充足的数据投喂，并为内容生成提供算据支撑。

其次，高效的认知学习能力是AIGC的核心驱动。在海量数据的加持下，AIGC的底层技术包括自然语言处理、神经网络、知识图谱、深度学习等多种算法，可以理解人类的语言指令并进行内容创作。值得指出的是，随着算法的迭代，AIGC的认知交互能力持续提升，不仅能够进行模仿创作，还可以在不同语境中感知、推断甚至质疑人的想法和策略，不断丰富人机交互体验。2023年3月，OpenAI推出了最新版本的GPT-4模型，能接受图像和文本输入，再输出文本回复，GPT-4在各种专业测试和学术基准上的表现与人类相当，让人机交互的精准性进一步提升。

最后，多模态融合为AIGC的未来发展带来了更多可能。模态最早是生物学概念，可以通俗理解为感官，人类在现实中可以利用视觉、听觉、触觉等多种感官认识世界，并形成统一的感觉体验，这种多感官融

---

① KIM J, SHIN S, BAE K, et al. Can AI be a content generator? Effects of content generators and information delivery methods on the psychology of content consumers [J]. Telematics and Informatics, 2020 (55): 101452.

合对于人工智能而言即为"多模态"①。多模态融合意味着人工智能能够识别和提取人的声音、表情、动作甚至脑波等感官信息，并进行认知计算和场景交互。尤其，随着元宇宙及相关技术和设备的升级，数字孪生、虚拟原生、虚实融生等应用将逐渐普及，未来的数字虚拟世界会产生大量的多模态数据，也为结合具身智能的 AIGC 提供更多想象空间。

综上可以看到，AIGC 作为一种智能化的信息资源形态，正引发着媒介内容生态的新一轮范式转移，它的技术特征与运行逻辑也将对媒体的信息生产、组织和管理带来新的变革。

第二节 AIGC 赋能媒体融合的机遇

对于新闻媒体而言，AIGC 不仅是 Web3.0 时代的生产力工具，更是带动媒体融合全流程优化的底层技术逻辑。它能够组建涵盖智能生产、智能分发、智能审核、智能监测、智能运营等于一体的智能化融合传播链条，面向融媒体平台提供高效率、集约化的传播服务。

一、融媒产品的智能化创作

作为一种生成式 AI 技术，AIGC 的核心功能是基于训练数据和算法模型自主进行多模态的内容创作，"AI 写作""AI 绘图""AI 配音""AI 剪辑"等功能都是 AIGC 的常见分支。对于媒体而言，AIGC 的智

---

① 李学龙. 多模态认知计算 [J]. 中国科学：信息科学，2023，53（1）：1-32.

能化创作将进一步推进写稿机器人、配音助手、云剪辑等在融媒创作中的应用，提高新闻媒体的生产效率。

在智能写作方面，写稿机器人是 AIGC 在媒体领域的常见应用。它可以通过 AI 识别采集元素信息，运用一定的算法模型将数据加工处理并转化为叙事文本，自动化生成新闻稿件。腾讯的"Dreamwritter"、新华社的"快笔小新"、封面新闻的"小封"等都是典型代表。

在智能图片生成方面，AIGC 能够打造海量的图片数据库，记者、编辑既可以直接在 AI 图库中选择图片，也可以让 AI 根据指令描述进行图片创作，即刻生成媒体配图。

在智能音视频剪辑领域，AIGC 能够进行语音翻译、语音合成、字幕包装、转场特效、视频集锦、视频拆条等操作，帮助媒体快速生成新闻视频。例如，2020 年两会期间，人民日报社利用"智能云剪辑师"快速生成视频，并实现自动匹配字幕、人物实时追踪、画面防抖动、横屏转竖屏等技术操作。

此外，随着游戏、互动视频等新形式在新闻产品中的运用，媒体可以进一步发挥 AIGC 的跨模态内容创作的优势，利用 AI 快速完成游戏场景、人物和剧情线的创建，完成模拟新闻叙事。

二、虚拟主播的多场景应用

《广播电视和网络视听"十四五"科技发展规划》中明确提出，要推动虚拟主播广泛应用于新闻播报、天气预报、综艺科教等节目生产，这样的政策背景也为 AIGC 提供了发展空间。当前的虚拟主播主要有两种，一种是以真人为本的虚拟主播，另一种是以人工智能为本的虚拟主播。①

以真人为本的虚拟主播，往往以某个播音员、主持人或出镜记者为原型，为其量身定制与本人特点和意愿相符的虚拟形象，成为其"数字孪生"。运用人脸识别、人脸建模、语音合成、智能传感器及深度学习技术，这类虚拟主播能够模仿真实主播的语流、神态、肢体动作，完成新闻播报、晚会主持、外景报道、同屏互动等多场景任务，更具真实性和亲切感，也显著地提升了制播效率。2022 年，中央广播电视总台以财经评论员王冠为原型，对其生物指标进行精准采集和处理后，推出了超仿真主播"AI 王冠"，并投入到了两会系列报道中，实现了节目观感的升级和结构创新。

以人工智能为本的虚拟主播，则是对 AI 系统进行拟人或者拟物的形象设计，以实现高效率、多时空、可复制的媒体服务。这类虚拟主播更多承担着"助手"和"顾问"的角色，结合语音识别、语义理解、内容交互等 AIGC 技术，为用户提供互动交流、信息咨询、智能问答、内容导览等服务。当前诸多主流媒体平台都内嵌了虚拟助手，例如，央视网曾推出虚拟助手"爱加"，可以通过轻松聊天的方式对用户提问进行实时回答，并向他们传递信息要闻、解释政策内容。

三、算法驱动的内容审核与监测

媒体深度融合使内容生产机制由单一走向多元，图文、音视频等网

---

① 喻国明，杨名宜. 元宇宙时代的新媒体景观：数字虚拟人直播的具身性研究［J］. 当代传播，2023（1）：32-36，48.

络信息出现了井喷式增长，也让审核监测的难度大大提升。近年来，得益于 AIGC 技术的成熟和普及，数据标注和审核产业应运而生，算法驱动的网络内容安全审核已经成为全媒体内容生产场景中的重要组成部分。

基于自然语言处理、图像处理、音视频处理等智能算法，AIGC 能够对图文视听内容的关键词、关键帧、图形特征、声纹特征等元素进行提取和识别，快速筛查大量内容。一方面，媒体可以借助 AICG 进行敏感审核，对低俗、暴力、违禁内容进行风控，快速发现和过滤不良的图文视听信息。另一方面，AIGC 也能被用于纠错审核，从固定搭配、表述规范、语句顺序等维度对媒体发布内容进行日常监测，并提供纠错方案。

需要指出的是，当前的 AI 审核技术尽管有着广泛应用，但对于新兴词汇、隐晦表达、语境差异等情况的理解和判断还不够理想，仍然需要人工复审和质检，"AI+人工"的审核模式是多数媒体的主要选择。此外，随着元宇宙场景的兴起，虚拟形象、AI 换脸、声音模仿等技术也趋于成熟，内容审核的维度和精细度将进一步提升，这也为 AIGC 的未来应用提供了更多想象空间。①

第三节　AIGC 为媒体融合带来的挑战

尽管 AIGC 已经在媒体融合领域释放了发展动能，并呈现出广泛应

---

① 赵越，刘冬，孙飞，等. AI 内容安全审核技术在新闻采编场景的应用研究：新华云盾产品设计与实践案例分析［J］. 中国新闻传播研究，2022（6）：272–284.

用前景，但任何新事物都有其两面性。我们需要从内容、技术、管理维度清晰甄别 AIGC 可能带来的问题与挑战，从而更好地将其为我所用。

一、内容生产的伦理问题

AIGC 主导的内容范式，影响着主流媒体的新闻生产，也影响着用户对信息的获取、运用和感知。在此过程中，这一范式带来的虚假内容、版权归属、歧视偏见等伦理问题，已经逐渐开始浮现。

首先，AIGC 新闻的真实性、精准性和安全性仍然不可控。人工智能新闻的生产效能取决于数据集群和语料库，那么数据的质量、规模和多元化程度便会对新闻输出造成影响。以当前 AIGC 的技术水平来看，AI 技术依然无法充分对信息和数据来源进行事实核查和逻辑分解，这也就导致当前的写稿机器人多应用于财经、天气、体育等新闻领域，而在报道复杂事件和深度新闻时容易出现偏差和失实。此外，以 ChatGPT 为代表的问答式智能工具，可以按照指令进行信息搜索和整合，实现从新闻标题、内容、图片到评论的自动产出，但其生成的新闻内容往往看似要素齐全、实则偏离事实，这便为一些用户使用 AI 进行虚假新闻生产和深度伪造提供了可乘之机，会危害社会秩序和媒体公信力。

其次，AIGC 开发与应用中的知识产权问题也一直是争议的焦点。在模型训练阶段，AIGC 模型的形成和完善依赖于大量的数据训练，其中会包含受版权法保护的内容，而当前国内外对于 AIGC 利用版权作品进行算法训练的合法性，尚未达成司法层面的明确共识。在内容输出阶段，AIGC 生成内容是否属于"作品"依然存在争议，根据我国《中华人民共和国著作权法》，独创性是评判著作权意义上的作品的重要标准，而 AIGC 输出的智力成果是否具备明确的独创性，目前难以一概而论。2023 年 1 月，有美国艺术家对三家 AIGC 商业应用公司发起诉讼，指控 Stable Diffusion 技术模型以及基于这一模型开发的付费 AI 图像生成工具构成版权侵权。① 可见，AIGC 模型训练和构建中的版权治理问题，将是全球传媒行业需要持续关注的重点议题。

最后，AICG 可能带来的正义性和道德性问题依然无法忽视。从媒介偏向理论视角出发，人工智能作为一种泛媒介技术，必然会带有一定的传播偏向，并导致伦理风险。② 机器是中立的，但设计者自身的价值判断、数据所隐含的社会倾向性贯穿了机器算法的整个过程，AI 数据的获取、储存、训练、决策和呈现等各个环节，都可能被植入偏见因素，并在应用中延续和放大。③ 尽管设计人员尝试过滤训练数据中的偏见内容，但仍有风险测试表明，AIGC 模型会强化基于特定社会身份的刻板印象和歧视偏见。除了无意造成的偏见外，在国际传播领域，一些西方国家会刻意利用社交机器人进行有组织的信息操纵，这样的做法会加剧信息地缘政治冲突，造成国际舆论场失序。④

二、技术逻辑的价值问题

在持续融合的媒体生态中，以 AIGC 为代表的新兴技术，逐渐成为

---

① 人民数据研究院：AIGC 带来新型侵权风险，行业如何规范？https：//baijiahao. baidu. com/s？id＝1764230361671183760&wfr＝spider&for＝pc.
② 陈昌凤，吕婷．"去蔽"的警示：算法推荐时代的媒介偏向与信息素养 [J]．中国编辑，2022（5）：35-39.
③ 许向东，王怡溪．智能传播中算法偏见的成因、影响与对策 [J]．国际新闻界，2020，42（10）：69-85.
④ 田香凝，曾祥敏．媒体深度融合背景下我国主流媒体的国际传播平台建设 [J]．中国编辑，2022，151（7）：23-28.

贯穿媒介实践的新变量。面对这一技术变量，我们需要持续追问它为何以及如何发挥作用，并警惕主流媒体融合实践中可能出现的技术形式主义和技术中心主义。

一方面，新技术的出现往往会引发媒体的流量追逐，面对 AIGC 的新浪潮，一些主流媒体争相进行技术迭代和产品研发，但仍然属于体验式创新、差异化表达，容易陷入技术形式主义的窠臼。① 我们需要承认，在注意力时代，媒体需要满足用户对新技术的期待和好奇，但当技术成为"噱头"，便会导致信息的承载、内容的挖掘、服务的实现退居其次，致使技术形式大于媒体价值。当前主流媒体推出的一些 AIGC 产品和服务，依旧存在技术表演性质，未能真正将形式创新转化为媒体的核心竞争优势，这样的做法也容易造成新闻重点失焦，一定程度上会消解主流媒体的严肃性和公共性。

另一方面，AIGC 对于传统新闻生产流程的结构性重建，也可能导致技术中心主义僭越新闻专业价值。把关理论致力于研究信息流动中的筛选和过滤，有学者提出了多级门卡的把关模型，指出新闻内容的呈现离不开四个门卡的相互作用，包括记者的新闻价值判断、新闻组织常规、经济约束和信息通信技术。② AIGC 等新技术的深度应用，显然放大了技术在传统把关机制中的作用，对媒介场域中的人进行了"降维"处理，简化了记者的价值取向、判断力、好奇心和怀疑精神。③ 可见，

---

① 黄楚新，许可. 人工智能技术驱动传媒业发展的三个维度 [J]. 现代出版，2021，133（3）：43-48.

② BENNETT W L. Gatekeeping and press-government relations: A multigated model of news construction [J]. Handbook of political communication research, 2004: 283-314.

③ 吴璟薇，杨鹏成，丁宇涵. 技术的追问：对智能新闻生产中人与技术关系的考察 [J]. 新闻与写作，2022，460（10）：29-42.

在与之相匹配的人机协同机制尚未确立的情况下，智能驱动的新闻生产必然会动摇原有的新闻生产规范，也让人与技术呈现出价值交锋。

三、人才机制的适配问题

AIGC 对于主流媒体融合转型的影响，不仅限于内容生产和技术逻辑的变革，更意味着主流媒体的组织架构、岗位分工的变化，相应地，对人才结构和管理机制也提出了新的挑战。

随着 AIGC 的加速落地，主流媒体人才队伍的结构性矛盾更加突出。AIGC 可以替代和辅助一些重复、烦琐的人工工作，如稿件分类、编辑、校对、排版、翻译等，这意味着原有岗位的工作人员面临着进化取代的局面，必须进行转岗或转型。[①] 同时，AIGC 需求端的火爆，也让算法工程师、AI 产品经理、人工智能训练师、虚拟现实工程师、内容审核员、网络安全员等岗位的人才缺口持续扩大，这致使主流媒体必须和科技企业共同争抢技术人才。

从全球范围看，面对新闻业务智能化转型的必然趋势，很多西方媒体选择缩减采编人员数量，积极从科技公司招募技术和市场人员，并专门设置视觉创意、数据新闻、用户增长等岗位，将编辑室的人员结构向数字化倾斜。[②] 然而在我国，除了少数具备经济实力的中央级主流媒体，大多主流媒体在转型过程中面临资金短缺和产业困境，加之编制、薪酬等因素的约束，难以吸引急需的技术人才，无法真正优化人才

---

① VEGLIS A. Algorithmic Journalism—Current Applications and Future Perspectives [J]. Journalism and Media，2021.

② 吾道南来. 智媒时代主流媒体人才结构新变 [J]. 青年记者，2022，737（21）：9-12.

结构。

更进一步来看，即便引进了技术人才，但是如何用好、留住人才，让不同工种的媒体人才紧密配合、共同协作以适应智媒生态，仍是主流媒体亟待解决的机制难题。

第四节 AIGC 赋能媒体融合的未来展望

无论如何，以 AIGC 为代表的智能技术正在持续嵌入新闻传媒业，技术效能在媒体深度融合中的作用必将不断放大。那么，面对 AIGC 对于生产规则、技术逻辑和运行机制的冲击与挑战，主流媒体应当如何应对？本研究认为，要规范智能技术的应用边界，形成与新兴技术生态相适配的组织结构和发展模式，并不断校准人与智能技术的关系坐标，让人类社会和智能技术在协作交互中实现融荣共生。

一、规范技术边界，打造 AIGC 的协同监管体系

针对 AIGC 可能带来的伦理、安全和法律风险，我们亟待建构一个涵盖政府、媒体、公众等多主体在内的协同监管体系，对技术应用与发展进行纠偏和约束。

从政府治理来看，每一项新技术出现后我国都会迅速出台管理办法，但这样的监管措施往往过于被动且迟滞于技术进步。以 AIGC 为代表的新一代智能技术迭代更加迅速、影响更加广泛，政府部门应面向未来，建立一套具备通用性和根本性的综合监管原则，为智能技术监管提

供方向指导和框架约束。在通用原则确立的基础上，政府可以根据不同技术的特点及时出台针对性的政策规范，这样的举措可以更好统摄智能技术的治理全局，避免出现多头监管、被动响应、监管盲区等局面。

从行业自律来看，媒体和科技企业在进行技术研发的过程中，要明确符合智能技术伦理和新闻传播规范的价值标准。一方面，要对智能技术及其应用开展必要的前置性审查，并建立内部的"吹哨人"制度，及时纠正可能出现的伦理问题；另一方面，要促进组织内部的理念传播和沟通交流，让内容采编、技术人员、经营管理者形成技术向善的价值共识，寻求新闻内容、技术形式和商业价值之间的最大公约数。

从公众素养来看，要提高用户对 AIGC 产品的使用素养。在全民数字化进程中，要进一步向公众普及算法知识和数据使用技巧，提升智能媒体时代的数字融入水平。与此同时，要强化用户对于智能技术的批判意识，促使他们不盲从 AIGC，并能及时识别虚假信息、极化传播、标签偏见等传播行为，完成从"使用者"到"监督者"的角色转换。

二、优化体制机制，推动传媒结构布局的智能化转型

面对新技术传播范式的浪潮，主流媒体必须对发展模式和运营策略进行战略性和前瞻性调整，打造适应新技术发展和媒体深度融合的体制机制和运营模式。

一方面，主流媒体应当继续推进 AIGC 技术在生产服务环节的深度应用，并根据新技术特点升级媒体生态体系。首先，AIGC 正向发展的前提是高质量的数据供给，为此，主流媒体需要建立科学合理的数据挖掘和评估机制，确保用于训练 AIGC 模型的数据资源产权清晰、安全性

高、符合隐私规范。其次，主流媒体需要对智能化转型发展做好提前布局，在媒介产品开发时充分考虑到 AIGC 应用的可能性，统一 AIGC 的接口标准和接入机制。最后，主流媒体还要进一步拓展基于 AIGC 的服务场景，完善政务、商务和民生服务等多元场景与 AIGC 的衔接和适配，形成 AIGC 落地应用的系统架构。

另一方面，伴随着 AIGC 在媒体融合各环节的渗透，主流媒体也应对人才队伍结构进行相应的优化调整。主流媒体需要让更多懂 AI、会操作的技术型人才出现在媒体队伍中，通过人才培训和人才引进相结合的方式，解决技术人才短缺的问题。在调整人才结构的同时，主流媒体还应对项目模式、考评机制、晋升渠道等进行更新升级，以更好地激发技术创新力。此外，面对 AIGC 带来的潜在伦理风险和安全隐患，主流媒体需要更加重视从业者的方向引导和思维培养，让他们在发挥实践技能的同时提升媒介素养，达到价值理性和工具理性的统一。

三、重思人智关系，从技术嵌入走向人智共生

在媒体深度融合的进程中，对智能技术的应用越是广泛深入，就越要认真思考人与智能技术的关系。当前，主流媒体更多将 AIGC 视作一种协助从业者进行内容创作和任务执行的工具，AIGC 正作为一种技术元素嵌入在媒体的业务流程和结构关系网络中。而随着技术效能的放大，人与智能技术的关系将不再止步于机械地结合，而应向一种彼此影响、相互驯化、共同进步的关系演进。

对此，我们要充分认识到 AIGC 的能动性和自主性，意识到 AIGC 可以通过认知学习、算法训练和多模态融合，不断优化自动生成、决策

判断、预测启发、虚实交互等功能，这将使 AIGC 不再作为单纯的辅助工具，而逐渐成为媒介系统中的行动主体，甚至可以以社会新成员的身份走入人类生活。同时，我们在技术进程中也要避免跌入能力弱化、价值异化的陷阱，要保持自身的核心能力与主体性，借助 AIGC 推动社会建设、行业进步和人的全面发展，在与 AIGC 的互动合作中共同进化。

2023 年是媒体深度融合发展的第三年，也是提速攻坚之年。未来，人智共生的媒体生态，将成为媒体深度融合的高阶形态，以 AIGC 赋能媒体深度融合，是技术迭代下的应然之举，亦是实现人类社会发展进步的重要驱动。

结　语

当今，媒体融合已经成为世界范围内的媒体寻求发展机会与突破的战略共识。在这样的大背景之下，我国也在探索并践行着媒体的转型融合与体系建设。

自 2014 年媒体融合升级为国家战略以来，媒体融合作为主流媒体转型发展的关键性命题，在我国学界研究与业界实践中不断被论证、诠释与实践。特别是媒体融合被纳入国家战略层面后，这一命题在观念与战略、理论与实践上的逻辑内涵更为丰富，在政策驱动、理论阐释与传播创新上展现出更多的可能。

第一，本书结合历时观察与驱动因素分析，在顶层设计方面梳理了媒体融合发展的战略规划与政策支持，以及不同阶段的趋势特点。将我国媒体融合政策的演进趋势分为地位提升阶段、体系完善阶段、纵深发展阶段，并总结出我国媒体融合政策的目标指向，包括在宣传思想层面，我国媒体融合是党中央在新时期从顺应时代发展规律、捍卫国家意识形态安全角度作出的战略决策，只有打造有利于意识形态建设的舆论生态和媒体格局，才能有力地保证意识形态安全；在服务人民层面，随着全媒体时代的到来，人民群众成为广泛接触媒体的用户，媒体用户不再是被动的接收者，而转变为积极的参与和交互者，这意味着我国媒体融合要从群众出发，走好全媒体时代群众路线，贴近群众、服务群众、团结群众；在国家治理层面，我国媒体融合将助推各类融合主体都参与社会系统的运行当中，最终影响到社会发展，所以党和国家必须对媒体融合进行方向性指导，从而完善国家治理体系、提升治理能力，保障社会系统的稳定运行。通过回顾政策发展，本书指出，我国媒体融合的具体内涵和抓手，随着社会发展和国家战略需求的变化而不断调整，从媒体的自发探索，到媒体融合转型正式被纳入国家政策蓝图，一系列的重要政策与讲话构成了研究媒体融合的政治逻辑，也决定了技术的变革方向、市场的改革轨迹。

第二，本书以"社会关系"和"社会系统"为基础性诠释视角，提出了我国媒体融合"结构化连接"到"系统性联结"的发展趋势，并指出我国媒体融合的最终指向是形成系统性的媒体融合生态。我国媒体融合应以系统科学为前提，以系统论为方法，以系统协同为基础逻辑，以构建人类命运共同体为总系统的目标下展开。要重点厘清我国媒体融合实践中各种宏观、中观和微观系统及其内外部之间的关系。这意味着，我们必须用系统性的思维来考量融合策略的制定与调整，以保证各部分间系统性协作模式的有效性，以真正产出媒体融合实效。以此为基础，本书提出了"四度融合"的媒体融合多层级演进逻辑，包含媒体运营系统、跨媒体融合系统、跨区域融合系统、对接全球的融媒生态系统四个层级：媒体机构是勾连起整个融合进程的基本单位，它们要通过"向内融合"实践形成有机的媒体运营系统；跨媒体融合系统是指传播介质和结构属性的媒体的整合与融合，媒体的跨界融合有利于提高我国媒体融合的集约发展程度；跨地域拓展是隶属于不同地域的多家媒体通过跨区域联动建立融合系统，他们彼此进行着合作与联结，形成一种具备互动性、流动性和能动性的区域社会系统；在上述三个融合系统的基础上，我国媒体融合的最终指向是打造一个对接国际的融媒生态系统，通过构建全媒体对外传播体系，以媒体融合推动国内国际两个舆论场协调发展，让我国的媒体融合系统有效衔接国际舆论场域，实现国际传播的突破与升维。

第三，本书依托"四度融合"框架，基于近两年的观察与调研，总结梳理了我国媒体融合在不同层次的战略谋划与推进探索。在媒体运营系统层面，本研究提出了以声誉管理为核心的媒体内部融合战略，认为身份建构、能力发展和道德规范建设是主流媒体进行融合转型的内部要求；在跨媒体融合系统层面，本研究分析梳理了我国媒体跨界融合的现状与特征，指出了其存在的体制机制困境与障碍，并提出了未来主流媒体跨界融合的发展策略；在跨区域融合系统层面，本研究以粤港澳大湾区为例，对大湾区媒体的融合实践开展分析梳理，总结其行动逻辑和模式特征，并对区域媒体融合和粤港澳大湾区建设提供新的研究思路和行动参考；在国际化的融媒生态系统层面，本研究指出平台化发展是发挥我国媒体融合外部效应的路径选择，对于我国主流媒体而言，要深刻认识到平台逻辑为我国国际传播带来的机遇和挑战，通过搭建系统、高效、灵活的国际传播平台，调整内容服务供给、维系社群互动、动员多元主体讲好中国故事，从而融入全球平台生态中，并为协调世界传媒秩序和平衡全球传播格局贡献中国智慧。

第四，本书提出"四大动能"支撑，基于近两年的观察与调研，围绕功能、服务、人才与技术这四个实现媒体顺畅运作的关键性要素，探讨在实现深度融合转型的理论背景与实践背景之下，这四种关键性战略要素的构建与互动。在功能层面，对主流媒体参与精准扶贫的实践进行研究，探讨主流媒体通过发挥守正不移的公信力优势、层级辐射的影响力优势、多元融合的传播力优势以及凝聚共识的引导力优势，将政策、资源和理念嵌入扶贫场域，打造出了主流媒体精准扶贫的共同体系统。在服务层面，探讨在积极老龄化和数字中国建设的背景下，我国应如何以智慧广电建设工程为牵引，帮助老年群体更好地开启数字化实践、融入智能化生活。在人才层面，从媒体融合国家战略对全媒体人才的要求与布局、媒体行业融合转型过程中的新闻传播业界的现实需求、新闻传播教育的理念转型与路径探索三个方位切入，回答全媒体时代如何识变、新闻传播行业如何求变，并据此探讨新闻传播教育教学如何应变。在技术层面，结合智能技术的最新趋势，分析主流媒体如何更好地适应互联网数字化、智能化的传播业态，实现中国媒体的现代化发展。

新思想驱动新实践，习近平总书记关于媒体融合发展与全媒体传播体系建设的重要论述，为主流媒体转型改革与深度融合提供了根本遵循。"让主流媒体借助移动传播，牢牢占据舆论引导、思想引领、文化传承、服务人民的传播制高点"，习近平总书记从系统性的视野、治理优化的逻辑提出了构建媒体融合体系的战略考量。同时，习近平总书记也强调"我国媒体融合发展整体优势还没有充分发挥出来"。这一论断预示着当前媒体深度融合的现实效果还未达到预期，仍需突破新难题、拓展新空间、取得实质效应，在理论与实践、政策与战略等命题上，仍有诸多重大课题及重点领域未解，期待学界、业界进一步联手突破。

　　本书认为，在未来，随着媒体融合进程的深度推进，主流媒体将进一步融入国家治理、国际传播和网络强国等国家战略，媒体融合也将成为推动治理能力现代化、增强国际传播能力建设、构建网络空间命运共同体的重要驱动力量，相关的研究空间也更加广阔。

　　我国的媒体融合转型与发展正在进行，通过笔者近年来有幸参与、观察、见证的媒体融合实践，本书尝试分析、回应并思考媒体融合转型在这个大变革时代的走向，并提出自己的阶段性思考。囿于时间精力，本书在一些关键命题上还尚未深入触及，希望能在未来持续参与新的研究进程中，为我国媒体深度融合发展提供前瞻性观察与学理支撑。

参考文献

一、中文文献

著作类

［1］中共中央文献研究室．习近平关于全面深化改革论述摘编［M］．北京：中央文献出版社，2014.

［2］中共中央文献研究室．十八大以来重要文献选编（上）［M］．北京：中央文献出版社，2014.

［3］中共中央文献研究室．习近平关于社会主义文化建设论述汇编［M］．北京：中央文献出版社，2017.

［4］中共中央关于坚持和完善中国特色社会主义制度 推进国家治理体系和治理能力现代化若干重大问题的决定［M］．北京：人民出版社，2019.

［5］曼纽尔·卡斯特．网络社会的崛起［M］．北京：社会科学文献出版社，2003.

［6］戴维斯·扬，赖月珍．创建和维护企业的良好声誉［M］．上海：上海人民出版社，1997.

[7] 安东尼·吉登斯. 现代性的后果 [M]. 田禾，译. 南京：译林出版社，2011.

[8] 彼得·什托姆普卡. 信任：一种社会学理论 [M]. 程胜利，译. 北京：中华书局，2005.

[9] 丹尼斯·麦奎尔. 麦奎尔大众传播理论 [M]. 北京：清华大学出版社，2010.

[10] 曼纽尔·卡斯特. 网络社会的崛起（第2版）[M]. 夏铸九，等译. 北京：社会科学文献出版社，2003.

[11] 曼纽尔·卡斯特，马汀·殷斯. 对话卡斯特 [M]. 徐培喜，译. 北京：社会科学文献出版社，2015：84.

[12] 约翰·斯科特，彼得·J. 卡林顿. 社会网络分析手册（上卷）[M]. 刘军，刘辉，译. 重庆：重庆大学出版社，2018.

[13] 格兰诺维特. 镶嵌：社会网与经济行动 [M]. 罗家德，等译，北京：社会科学文献出版社，2015.

[14] 曼纽尔·卡斯特. 认同的力量（第2版）[M]. 曹荣湘，译. 北京：社会科学文献出版社，2006.

[15] 皮埃尔·布迪厄，华康德：实践与反思：反思社会学导引 [M]. 李猛，李康，译. 北京：中央编译出版社，1998.

[16] 中国共产党第十九届中央委员会第四次全体会议文件汇编 [M]. 北京：人民出版社，2019.

[17] 中共中央文献研究室. 习近平关于社会主义文化建设论述摘编 [M]. 北京：中央文献出版社，2017.

[18] 何塞·范·迪克. 连接：社交媒体批评史 [M]. 晏青，陈光

凤译 . 北京：中国人民大学出版社，2021.

期刊类

［1］喻国明，姚飞 . 强化互联网思维推进媒介融合发展［J］. 前线，2014（10）.

［2］程忠良 . 人工智能时代"中央厨房"式媒介融合路径的追问［J］. 编辑之友，2019（5）.

［3］郭全中 . 我国媒体融合实践进展研究［J］. 行政管理改革，2019（7）.

［4］习近平 . 加快推动媒体融合发展 构建全媒体传播格局［J］. 求是，2019（6）.

［5］宋建武，林洁洁 . 遵循新兴媒体发展规律 推动媒体融合向纵深发展［J］. 传媒观察，2019（4）.

［6］臧得顺 . 格兰诺维特的"嵌入理论"与新经济社会学的最新进展 . 中国社会科学院研究生院学报，2010（1）.

［7］彭兰 ."连接"的演进——互联网进化的基本逻辑［J］. 国际新闻界，2013，35（12）.

［8］喻国明，李彪 . 渠道整合力和内容呈现力：未来媒体竞争的聚焦点［J］. 新闻界，2007（1）.

［9］喻国明 . 互联网逻辑下传媒产业转型升级的关键与发展进路［J］. 新闻与写作，2014（7）.

［10］黄志辉 ."嵌入"的多重面向——发展主义的危机与回应［J］. 思想战线，2016，42（1）.

［11］黄楚新．全面转型与深度融合：2020 年中国媒体融合发展 ［J］．现代传播（中国传媒大学学报），2021，43（8）．

［12］高剑平．论贝塔朗菲"机体论"的系统思想 ［J］．广西民族大学学报（哲学社会科学版），2007．

［13］丁东红．卢曼和他的"社会系统理论" ［J］．世界哲学，2005（5）．

［14］范如国．复杂网络结构范型下的社会治理协同创新 ［J］．中国社会科学，2014（4）．

［15］胡正荣．技术、传播、价值从 5G 等技术到来看社会重构与价值重塑 ［J］．人民论坛，2019（11）．

［16］刘杰，孟会敏．关于布郎芬布伦纳发展心理学生态系统理论 ［J］．中国健康心理学杂志，2009，17（2）．

［17］白永秀，徐鸿．论市场秩序和企业声誉 ［J］．福建论坛（人文社会科学版），2001（6）．

［18］喻国明．媒介的声誉管理：构建维度与舆论尺度 ［J］．新闻战线，2009（4）．

［19］高贵武．新媒体环境下的主流媒体声誉管理刍议——基于利益相关者理论框架 ［J］．国际新闻界，2017，39（1）．

［20］周敏．声誉管理视角下的互联网治理研究 ［J］．中国特色社会主义研究，2020（1）．

［21］刘志丹．哈贝马斯生活世界理论的特征与来源--基于哈氏研究的一个误区 ［J］．中南大学学报（社会科学版），2014（3）．

［22］李良荣，沈莉．试论当前我国新闻事业的双重性 ［J］．新闻

大学，1995（2）．

[23] 朱春阳，刘心怡，杨海．如何塑造媒体融合时代的新型主流媒体与现代传播体系？[J]．新闻大学，2014（6）．

[24] 潘忠党：传媒的公共性与中国传媒改革的再起步 [J]．传播与社会学刊，2008（6）．

[25] 李良荣，张华．参与社会治理：传媒公共性的实践逻辑 [J]．现代传播，2014，36（4）．

[26] 陈岩．环保组织能力建设的机遇、困境和路径探析 [J]．行政科学论坛，2016（2）．

[27] 曾祥敏，杨丽萍．论媒体融合纵深发展"合"的本质与"分"的策略——差异化竞争、专业化生产、分众化传播 [J]．现代出版，2020（4）．

[28] 史安斌，王沛楠．议程设置理论与研究50年：溯源·演进·前景 [J]．新闻与传播研究，2017，24（10）．

[29] 邵培仁．传播生态规律与媒介生存策略 [J]．新闻界，2001（5）．

[30] 谢新洲，柏小林．完善媒体社会责任评价，强化主流媒体责任担当 [J]．新闻战线，2018（17）．

[31] 常媛媛，曾庆香．新型主流媒体新闻身份建构：主体间性与道德共识 [J]．西南民族大学学报（人文社科版），2020，41（3）．

[32] 程景，周洋．以机制创新牵引广电融合深度发展 [J]．视听界，2020（4）．

[33] 余红，雷莲，段楠楠．省级云平台路径下县级融媒体中心建

设的难易点分析——基于 X 省县级融媒体中心传播力的考察［J］. 中国编辑，2020（9）.

　　［34］黄楚新，邵赛男，朱常华. 我国地市级媒体融合的现状、问题及应对策略［J］. 传媒，2020（24）.

　　［35］郭全中. 县级融媒体中心建设的进展、难点与对策［J］. 新闻爱好者，2019（7）.

　　［36］曾祥敏，周杉. 区域协同提升媒体深度融合发展的路径初探［J］. 当代电视，2021（9）.

　　［37］田香凝，赵淑萍. 中国特色大区域传播的创新与开拓——基于对粤港澳大湾区传媒新动能的前沿考察［J］. 现代传播，2021（10）.

　　［38］田香凝，曾祥敏. 身份、能力与道德规范：声誉管理视角下的新型主流媒体建设［J］. 中国出版，2021（14）.

　　［39］段莉. 从竞争合作到协同发展：粤港澳大湾区传媒发展进路探析［J］. 暨南学报（哲学社会科学版），2018，40（9）.

　　［40］唐铮. 粤港澳大湾区媒体融合的逻辑与进路［J］. 学术研究，2019（10）.

　　［41］申启武. 粤港广播电视传媒竞争与合作的历史考察与现状分析［J］. 中国广播电视学刊，2008（6）.

　　［42］蔡赤萌. 粤港澳大湾区城市群建设的战略意义和现实挑战［J］. 广东社会科学，2017（4）.

　　［43］吴义爽，汪玲. 论经济行为和社会结构的互嵌性——兼评格兰诺维特的嵌入性理论［J］. 社会科学战线，2010（12）.

　　［44］何艳玲. "嵌入式自治"：国家—地方互嵌关系下的地方治理

［J］．武汉大学学报（哲学社会科学版），2009，62（4）．

［45］段鹏．媒介融合背景下提升我国广播电视舆论引导能力的策略分析［J］．中国广播电视学刊，2015（4）．

［46］张存刚，李明，陆德梅．社会网络分析——一种重要的社会学研究方法［J］．甘肃社会科学，2004（2）．

［47］吴彤．论协同学理论方法——自组织动力学方法及其应用［J］．内蒙古社会科学（汉文版），2000（6）．

［48］张志旻，赵世奎，任之光，等．共同体的界定、内涵及其生成——共同体研究综述［J］．科学学与科学技术管理，2010，31（10）．

［49］杨奇光．技术可供性"改造"客观性：数字新闻学的话语重构［J］．南京社会科学，2021（5）．

［50］麦尚文，张钧涵．"系统性融合"：新型主流媒体的社群驱动与传播生态建构［J］．现代传播（中国传媒大学学报），2021，43（6）．

［51］田香凝，曾祥敏．身份、能力与道德规范：声誉管理视角下的新型主流媒体建设［J］．中国出版，2021（14）．

［52］栾轶玫．视觉说服与国家形象建构——对外传播中的视听新话语［J］．新闻与写作，2017（8）．

［53］王润珏，胡正荣．融媒体时代国际传播的新特点与新格局［J］．国际传播，2017（5）．

［54］段鹏．当前我国国际传播面临的挑战、问题与对策［J］．现代传播（中国传媒大学学报），2021，43（8）．

［55］罗韵娟，王锐．创新扩散视角下"一带一路"议题传播的社交网络分析［J］．当代传播，2020（1）．

[56] 刘燕南, 刘娟, 王亚宁, 等 . 探寻海外华语观众的变化轨迹——基于央视中文国际频道2013—2017年海外观众调查的分析 [J]. 中国电视, 2018 (11).

[57] 邵培仁, 沈珺 . 中国中亚国际传播议题的拓展与深化——基于新世界主义分析框架 [J]. 当代传播, 2017 (6).

[58] 王晓博 . 如何向俄语地区国家讲好中国故事——以 CGTN 俄语频道雄安新区报道为例 [J]. 中国报业, 2019 (22).

[59] 姬德强, 朱泓宇 . 传播、服务与治理：媒体深度融合的三元评价体系 [J]. 新闻与写作, 2021 (1).

[60] 匡文波 . 数字平台如何影响中国对外传播：后疫情时代中国网络媒体全球传播的机遇与挑战 [J]. 西北师大学报 (社会科学版), 2021 (5).

[61] 姬德强 . 数字平台的地缘政治：中国网络媒体全球传播的新语境与新路径 [J]. 对外传播, 2020 (11).

[62] 张志安, 潘曼琪 . 抖音"出海"与中国互联网平台的逆向扩散 [J]. 现代出版, 2020 (3).

[63] 高金萍 . 中国国际传播的故事思维转向 [J]. 中国编辑, 2022 (1).

[64] 郭小安, 赵海明 . 作为"政治腹语"的社交机器人：角色的两面性及其超越 [J]. 现代传播 (中国传媒大学学报), 2022 (2).

[65] 彭兰 . 网站经营：从"内容为王"到"关系为王" [J]. 信息网络, 2010 (5).

[66] 喻国明, 梁爽 . 移动互联时代：场景的凸显及其价值分析

[J]. 当代传播，2017（1）.

[67] 杨枭枭，李本乾. 国际社交媒体涉华内容传播机制研究 [J].
中州学刊，2019（9）.

[68] 王沛楠. 从国际传播到战略传播：搭建中国故事的阐释共同
体 [J]. 现代视听，2021（8）.

[69] 栾轶玫. 从市场竞合到纳入国家治理体系——中国媒介融合
研究 20 年之语境变迁 [J]. 编辑之友，2021（5）.

[70] 胡智锋，陈寅. 中国主流媒体面临的新环境、新形势、新任
务 [J]. 新闻记者，2020（4）.

[71] 王秀艳，刘沫含. 新闻传播教育的"三个转变"——从"纸
媒"时代到"智媒"时代 [J]. 青年记者，2021（20）.

[72] 高晓虹，赵晨，赵希婧. 中国特色国际新闻传播人才培养模
式与创新 [J]. 对外传播，2015（6）.

[73] 程曼丽. 我国国际传播理论研究的课题指南——学习习近平
总书记"5·31"重要讲话获得的启示 [J]. 中国记者，2021，（7）.

[74] 王春枝. 美国大学国际新闻人才培养模式探析 [J]. 中国传
媒科技，2013（18）.

[75] 戴佳，史安斌. "国际新闻"与"全球新闻"概念之变——
兼论国际新闻传播人才培养模式创新 [J]. 清华大学学报（哲学社会科
学版），2014，29（1）.

[76] 雷跃捷，罗雪. 我国国际新闻传播人才培养机制转型的现状
及趋势 [J]. 新闻与写作，2015（1）.

[77] 曾祥敏，余珊珊. "新文科"语境下全媒体人才培养路径探

析 [J]. 中国记者，2021 (10).

[78] 高晓虹，赵希婧. 立足新时代发展方向　培养卓越新闻传播人才 [J]. 中国大学教学，2018 (4).

[79] 本刊记者. 后疫情时代的新闻传播教育：范式变革、理念转变与国际合作 [J]. 中国出版，2022 (1).

[80] 陈博菲. 全媒体时代基于第二课堂的国际新闻传播人才培养模式探究——以广东外语外贸大学新闻与传播学院为例 [J]. 教育现代化，2019，6 (67).

[81] 姜飞. 新时期对未来国际新闻传播人才培养的思考 [J]. 新闻与写作，2020 (7).

[82] 张红梅. 新文科视域下多语种国际新闻传播人才培养 [J]. 青年记者，2021 (14).

[83] 高晓虹，赵晨，赵希婧. 中国特色国际新闻传播人才培养模式与创新 [J]. 对外传播，2015 (6).

[84] 钟新，崔灿，蒋贤成. 国际新闻传播人才的多维度复合与进阶式培养：基于中国人民大学国际新闻传播硕士项目十周年毕业生调查 [J]. 国际新闻界，2020，42 (12).

[85] 陈成文，赵杏梓. 社会治理：一个概念的社会学考评及其意义 [J]. 湖南师范大学社会科学学报，2014，43 (5).

[86] 郁建兴. 社会治理共同体及其建设路径 [J]. 公共管理评论，2019 (1).

[87] 刘云川. 善用新媒体创新群众工作方式 [J]. 求是，2014 (8).

［88］丁和根.媒体介入基层社会治理的现状、角色与维度［J］.新闻与写作，2021（5）.

［89］张悦，张宏伟.主流媒体参与社会治理的功能建构与建设现状［J］.北京航空航天大学学报（社会科学版），2021，34（2）.

［90］崔林，尤可可.支撑、协同与善治——新时代国家治理体系中技术要素的功能研究［J］.新闻与写作，2021（4）.

［91］周庆安，卢明江.制度场域构建与治理体系现代化：基于2019年政府新闻发布的观察［J］.新闻与写作，2019（12）.

［92］段鹏，张媛媛.全媒体时代的群众路线：UGC对县域融媒体的意义及其应用策略分析［J］.中国新闻传播研究，2021（1）.

［93］李学龙.多模态认知计算［J］.中国科学：信息科学，2023，53（1）.

［94］喻国明，杨名宜.元宇宙时代的新媒体景观：数字虚拟人直播的具身性研究［J］.当代传播，2023（1）.

［95］赵越，刘冬，孙飞，等.AI内容安全审核技术在新闻采编场景的应用研究：新华云盾产品设计与实践案例分析［J］.中国新闻传播研究，2022（6）.

［96］陈昌凤，吕婷.“去蔽”的警示：算法推荐时代的媒介偏向与信息素养［J］.中国编辑，2022（5）.

［97］许向东，王怡溪.智能传播中算法偏见的成因、影响与对策［J］.国际新闻界，2020，42（10）.

［98］田香凝，曾祥敏.媒体深度融合背景下我国主流媒体的国际传播平台建设［J］.中国编辑，2022，151（7）.

[99] 黄楚新，许可. 人工智能技术驱动传媒业发展的三个维度 [J]. 现代出版，2021，133 (3).

[100] 吴璟薇，杨鹏成，丁宇涵. 技术的追问：对智能新闻生产中人与技术关系的考察 [J]. 新闻与写作，2022，460 (10).

[101] 吾道南来. 智媒时代主流媒体人才结构新变 [J]. 青年记者，2022，737 (21).

[102] 周翔，户庐霞. 我国主流媒体 Twitter 账号对外传播的对话问题分析 [J]. 现代传播（中国传媒大学学报），2019 (6).

[103] 汤景泰，星辰，高敬文. 论"一带一路"国际话语权的提升：基于首届"一带一路"国际合作高峰论坛 Twitter 传播数据的分析 [J]. 新闻大学，2018 (5).

[104] 刘明洋，李薇薇. 社会集合、过渡媒介与文化形态：关于传播圈层的三个认知 [J]. 现代传播（中国传媒大学学报），2020 (11).

报纸类

[1] 曹智，栾建强，李宣良. 坚持军报姓党坚持强军为本坚持创新为要 为实现中国梦强军梦提供思想舆论支持 [N]. 人民日报，2015-12-27.

[2] 张洋. 举旗帜聚民心育新人兴文化展形象 更好完成新形势下宣传思想工作使命任务 [N]. 人民日报，2018-8-23.

[3] 习近平在中共中央政治局第三十次集体学习时强调 加强和改进国际传播工作 展示真实立体全面的中国 [N]. 人民日报，2021-

06-02.

电子类

[1] 习近平. 总体布局统筹各方创新发展 努力把我国建设成为网络强国 [EB/OL]. 人民网，2014-02-28.

[2] 一图读懂《2019 全国党报融合传播指数报告》[EB/OL]. 人民网，2019-07-30.

[3]《2020 年媒体融合传播指数总报告》发布：中央级媒体融合传播力继续领跑 [EB/OL]. 人民网，2021-04-27.

[4] 中共中央办公厅国务院办公厅印发《关于加快推进媒体深度融合发展的意见》[EB/OL]. 中国政府网，2020-09-26.

[5] 习近平. 在哲学社会科学工作座谈会上的讲话 [EB/OL]. 人民网，2016-05-18.

[6] 人民日报客户端 7.0 版本上线 主流算法正式亮相 [EB/OL]. 环球网，2019-09-20.

[7]"全球连线"带你"连线"全球，"看中国观世界"[EB/OL]. 新华社客户端，2021-05-25.

[8] 教育部. 新文科建设工作会在山东大学召开 [EB/OL]. 中华人民共和国教育部政府门户网站，2020-11-03.

[9] 习近平. 社会治理的重心必须落实到城乡、社区 [EB/OL]. 人民网，2016-03-05.

[10] 习近平在省部级主要领导干部学习贯彻党的十九届五中全会精神专题研讨班开班式上发表重要讲话 [EB/OL]. 人民网，2021-

07-28.

[11] 在庆祝中国共产党成立100周年大会上的讲话 [EB/OL]. 人民网，2021-07-28.

[12] 习近平. 举旗帜聚民心育新人兴文化展形象更好完成新形势下宣传思想工作使命任务 [EB/OL]. 中共中央党校官网，2018-08-23.

[13] 习近平在中国共产党第十九次全国代表大会上的报告 [EB/OL]. 人民网，2017-10-28.

[14] 中共中央、国务院关于加强基层治理体系和治理能力现代化建设的意见 [EB/OL]. 新华社，2021-07-11.

二、英文文献
著作类

[1] MAO G Q. Connectivity of Communication Networks [M]. Berlin：Springer International Publishing，2017.

[2] SMELSER N J. The sociology of economic life [M]. Boulder：Westview Press，1992.

[3] KLEWES J，WRESCHNIOK R. Reputation Capital [M]. Berlin：Springer Berlin Heidelberg，2009.

[4] KAWAMOTO K S. Digital Journalism：emerging media and the changing horizons of journalism [M]. Oxford：Rowman & Littlefield，2003.

[5] BURT R S. Structural holes：the social structure of competition

［M］．Boston：Harvard University Press. 1992.

［6］THOMPSON J B. The media and modernity：A social theory of the media［M］．Standford：Stanford University Press，1995.

期刊类

［1］GRANOVETTER M. Problems of explanation in economic sociology［J］．networks & organizations structure form action，1992.

［2］SCHWAIGER，MANFRED. Components and Parameters of Corporate Reputation——An Empirical Study［J］．Schmalenbach Business Review（SBR），2004.

［3］EISENEGGER M，IMHOF K. The True，the Good and the Beautiful：Reputation Management in the Media Society［J］．Public relations research，2008.

［4］FOMBRUN C J，VAN RIEL C B M. Fame and Fortune：How Successful Companies Build Winning Reputations［J］．New Jersey：FT Prentice Hall，2004.

［5］MAHON J F，WARTICK S L. Dealing with Stakeholders：How Reputation，Credibility and Framing Influence the Game［J］．Corporate Reputation Review，2003，6（1）.

［6］BORGATTI S P，CANDACE J，EVERETT M G. Network Measures of Social Capital［J］．Connections，1998（2）.

［7］COULDRY N. Mediatization or mediation? Alternative understanding of the emergent space of digital storytelling［J］．New Media & Society，

2008（3）.

［8］DAYAN D. Conquering Visibility，Conferring Visibility：Visibility Seekers and Media Performance［J］. International Journal of Communication，2013（1）.

［9］WHITE R，CHEUNG M. Communication of Fantasy Sports：A Comparative Study of User-Generated Content by Professional and Amateur Writers［J］. IEEE Transactions on Professional Communication，2015，58（2）.

［10］KIM J，SHIN S，BAE K，et al. Can AI be a content generator? Effects of content generators and information delivery methods on the psychology of content consumers［J］. Telematics and Informatics，2020（55）.

［11］BENNETT W L. Gatekeeping and press-government relations：A multigated model of news construction［J］. Handbook of political communication research，2004.

［12］VEGLIS A. Algorithmic Journalism—Current Applications and Future Perspectives［J］. Journalism and Media，2021.